FRAGMENTS

SUR

PARIS.

FRAGMENTS

SUR

PARIS,

PAR

FREDERIC JEAN LAURENT MEYER,

Docteur en Droit à Hambourg.

———◦✳◦———

TRADUITS DE L'ALLEMAND,

PAR

LE GÉNÉRAL DUMOURIEZ.

———◦✳◦———

TOME SECOND.

HAMBOURG.

1798.

FRAGMENTS SUR PARIS.

INSTITUT NATIONAL DES SCIENCES ET DES ARTS.

" LE Temple sublime de Minerve (ainsi s'exprimait le Tourneur, président du Directoire, à l'ouverture de la séance solemnelle de l'Institut National, le 15 Germinal, 4 Avril) le temple sublime de Minerve ne sera plus livré, aux fureurs d'un infame Vandalisme*: une hideuse anarchie n'agitera plus ses poignards sanglans contre les honorables pontifes de ce temple: un heureux avenir effacera les tristes souvenirs des calamités pas-

---

* Dans un des chapitres suivants, l'auteur s'est expliqué sur cette dénomination, à son avis, aussi injuste qu'incompatible avec les faits de l'histoire ancienne.

(*Note de l'Auteur.*)

TOME II.   B

sées : on appaisera les mânes célebres qui ont été arrachés du sanctuaire des sciences pour monter sur l'échaffaud. Tel est le serment solemnel du gouvernement de la République Française. L'anarchie, aussi dangereuse que l'ancien despotisme, privée de sentiment & de goût, ainsi que des droits sacrés de l'humanité, n'a-t-elle pas étouffé l'énergie de l'esprit & la liberté de la pensée ! mais graces à la justice divine qui tôt ou tard reprend ses droits, les anarchistes, qui nous avaient assailli avec la rapidité de la tempête, se sont dissipés avec la même rapidité. La loi regne, elle vous couvre de son égide, elle compte sur l'in-fluence de vos lumieres, car la sagesse, quand elle parle avec force & avec grace, est toute puissante. Préparez des palmes & des cou-ronnes de lauriers à la victoire, le Directoire assurera votre loisir. Il veut le rétablissement de l'ordre, l'anéantissement de l'esprit de par-ti, &, s'il est possible, l'oubli de toute haine. La tolérance générale est à ses yeux le lien le plus fort de la société. Il ne veut pas scru-ter les affections secretes du cœur, mais il protégera l'homme droit, & il récompensera le citoyen utile."

C'est avec ces souhaits, ces vues & ces espérances que, par l'organe de son orateur, le gouvernement a fait l'ouverture du Panthéon de la littérature Française. C'est un spectacle touchant que celui de cette réunion unanime de toutes les bonnes têtes de la France pour dégager leur patrie des ruines de l'anarchie. Chacun de ces hommes estimables, animés du même esprit, du même attachement, de la même ardeur, s'efforce de remplir les vues du gouvernement, soit comme membre de l'institut national, soit comme collaborateur dans les différents établissements par la fondation ou l'amélioration desquels ce nouveau gouvernement républicain, malgré la quantité de ses autres embarras, a déjà signalé la premiere année de son existence. A la vérité ils sont très-efficacement appuyés par les directeurs & par les membres les plus importants des deux conseils qui pour la plupart sont des savans distingués.

Parmi plusieurs renseignemens importans

que j'ai recueillis sur cet établissement si intéressant pour les amis des arts & des sciences, & que j'ai réunis dans la suite de ces fragments, je regarde comme un des plus précieux cette copie de la constitution de *l'Institut National* qui n'a été imprimée que pour ses membres, à chacun desquels on en a remis un exemplaire : c'est par une faveur particuliere que je l'ai obtenue.

INSTITUT NATIONAL

DES

SCIENCES ET DES ARTS,

Extrait de la Conſtitution.

TITRE X.

INSTRUCTION PUBLIQUE.

ART. 298.

Il y a, pour toute la République, un Inſtitut National
chargé de recueillir les découvertes, de perfectionner les Arts & les Sciences.

---

*Extrait de la Loi du 3 Brumaire, An 4 de la
République, concernant l'Inſtruction publique.*

TITRE iv.

Inſtitut National des Sciences & des Arts.

ARTICLE PREMIER.

L'Institut National des Sciences & des
Arts appartient à toute la République ; il est
fixé à Paris : il est destiné, 1. à perfectionner
les sciences & les arts par des recherches non

interrompues, par la correspondance avec les sociétés savantes & étrangeres ; 2. à suivre, conformément aux lois & arrêtés du Directoire Exécutif, les travaux scientifiques & littéraires, qui auront pour objet l'utilité générale & la gloire de la République.

II.

Il est composé de 144 membres résidant à Paris, & d'un égal nombre d'associés, répandus dans les différentes parties de la République; il s'associe des savans étrangers, dont le nombre est de vingt-quatre, huit pour chacune des trois classes.

III.

Il est divisé en trois classes, & chaque classe en plusieurs sections, conformément au tableau suivant :

Classes & Sections.	Membres à Paris.	Associés dans les Départ.
1ere CLASSE.		
Sciences Physiques & Mathématiques.		
1. Mathématiques - - -	6	6
2. Arts mécaniques - - -	6	6
3. Astronomie - - - -	6	6
4. Physique expérimentale -	6	6
5. Chymie - - - - - -	6	6
6. Histoire naturelle & minéralogie - - - - -	6	6
7. Botanique & physique végétale - - - - - -	6	6
8. Anatomie & zoologie - -	6	6
9. Médecine & chirurgie - -	6	6
10. Economie rurale & art vétérinaire - - - - -	6	6
	60	60
2de CLASSE.		
Sciences Morales & Politiques.		
1. Analyse des sensations & des idées - - - - -	6	6
2. Morale - - - - - -	6	6
3. Science sociale & législation	6	6
4. Economie politique - -	6	6
5. Histoire - - - - -	6	6
6. Géographie - - - -	6	6
	36	36

Classes & Sections.	Membres à Paris.	Associés dans les Départ.
3me Classe. *Littérature & Beaux Arts.*		
1. Grammaire - - - - -	6	6
2. Langues anciennes - - -	6	6
3. Poësie - - - - - -	6	6
4. Antiquités & monumens -	6	6
5. Peinture - - - - - -	6	6
6. Sculpture - - - -	6	6
7. Architecture - - - -	6	6
8. Musique & déclamation -	6	6
	48	48

IV.

Chaque classe de l'Institut a un local où elle s'assemble en particulier.

Aucun membre ne peut appartenir à deux classes différentes ; mais il peut assister aux séances & concourir aux travaux d'une autre classe.

V.

Chaque classe de l'Institut publiera tous les ans ses découvertes & ses travaux.

VI.

L'Institut National aura quatre séances publiques par an. Les trois classes seront réunies dans ces séances.

Il rendra compte, tous les ans, au corps législatif, des progrès des sciences & des travaux de chacune de ses classes.

VII.

L'Institut publiera tous les ans, à une époque fixe, les programmes des prix que chaque classe devra distribuer.

VIII.

Le corps législatif fixera tous les ans, sur l'état fourni par le Directoire Exécutif, une somme pour l'entretien & les travaux de l'Institut National des Sciences & des Arts.

IX.

Pour la formation de l'Institut National, le Directoire Exécutif nommera quarante-huit membres, qui éliront les quatre-vingt-seize autres.

Les cent quarante-quatre membres réunis nommeront les associés.

X.

L'Institut une fois organisé, les nominations aux places vacantes seront faites par l'Institut sur une liste au moins triple, présentée par la classe où une place aura vaqué.

Il en sera de même pour la nomination des associés, soit Français, soit étrangers.

XI.

Chaque classe de l'Institut aura dans son local une collection des productions de la nature & des arts, ainsi qu'une bibliotheque relative aux sciences ou aux arts dont elle s'occupe.

XII.

Les réglemens relatifs à la tenue des séances & aux travaux de l'Institut, seront rédigés par l'Institut lui-même & présentés au corps législatif, qui les examinera dans la forme ordinaire de toutes les propositions qui doivent être transformées en lois.

TITRE V.

Encouragemens, Récompenses & Honneurs Publics.

ARTICLE PREMIER.

L'Institut National nommera tous les ans au concours vingt citoyens, qui seront chargés de voyager & de faire des observations relatives à l'agriculture, tant dans les départemens de la République, que dans les pays étrangers.

II.

Ne pourront être admis au concours mentionné dans l'article précédent, que ceux qui réuniront les conditions suivantes :

1. Etre âgé de vingt-cinq ans au moins ;

2. Etre propriétaire ou fils de propriétaire d'un domaine rural formant un corps d'exploitation, ou fermier ou fils de fermier d'un corps de ferme d'une ou de plusieurs charrues, par bail de trente ans au moins ;

3. Savoir la théorie & la pratique des principales opérations de l'agriculture ;

4. Avoir des connaissances en arithmétique, en géométrie élémentaire, en économie politique, en histoire naturelle en général, mais particulierement en botanique & en minéralogie.

III.

Les citoyens nommés par l'Institut National voyageront pendant trois ans aux frais de la République, & moyennant un traitement que le corps législatif déterminera. Ils tiendront un journal de leurs observations, correspondront avec l'Institut, & lui enverront, tous les trois mois, les résultats de leurs travaux, qui seront rendus publics.

Les sujets nommés seront successivement pris dans chacun des départements de la République.

IV.

L'Institut National nommera tous les ans six de ses membres, pour voyager, soit ensemble, soit séparément, pour faire des recherches sur les diverses branches des connaissances humaines autres que l'agriculture.

V.

Le palais national à Rome, destiné jusqu'ici à des éleves Français de peinture, sculpture & architecture, conservera cette destination.

VI.

Cet établissement sera dirigé par un peintre Français ayant séjourné en Italie, lequel sera nommé par le Directoire Exécutif pour six ans.

VII.

Les artistes Français désignés à cet effet par l'Institut, & nommés par le Directoire Exécutif, seront envoyés à Rome. Ils y résideront cinq ans dans le palais national, où ils seront logés & nourris aux frais de la République, comme par le passé : ils seront indemnisés de leurs frais de voyage.

VIII.

La nation accorde à vingt éleves, dans chacune des écoles mentionnées dans les titres II. & III. de la présente loi, des pensions temporaires, dont le maximum sera déterminé chaque année par le corps législatif.

Les éleves auxquels ces pensions devront être appliquées, seront nommés par le Directoire Exécutif, sur la présentation des professeurs & des administrations de département.

IX.

Les instituteurs & professeurs publics établis par la présente loi, qui auront rempli leurs fonctions durant vingt-cinq années, recevront une pension de retraite, égale à leur traitement fixe.

X.

L'Institut National, dans ses séances publiques, distribuera chaque année plusieurs prix.

XI.

Il sera, dans les fêtes publiques, décerné des récompenses aux éleves qui se seront distingués dans les écoles nationales.

XII.

Des récompenses seront également décernées, dans les mêmes fêtes, aux inventions & découvertes utiles, aux succès distingués dans les arts, aux belles actions & à la pratique constante des vertus domestiques & sociales.

XIII.

Le corps législatif décerne les honneurs du Panthéon aux grands hommes, dix ans après leur mort.

Loi contenant le Réglement pour l'Institut National des Sciences & des Arts.

DU 15 GERMINAL.

(*Du 25 Ventôse.*) Le Conseil des Cinq-Cents, après avoir entendu le rapport de sa commission, créée pour examiner le réglement de l'Institut National des Sciences & des Arts, ainsi que les trois lectures faites les 19 Pluviôse, 3 & 25 Ventôse,

Déclare qu'il n'y a pas lieu à l'ajournement.

Le conseil, après avoir déclaré qu'il n'y a pas lieu à l'ajournement, prend la résolution suivante :

SÉANCES.

ARTICLE PREMIER.

Chaque classe de l'Institut s'assemblera deux fois par décade : la premiere classe, les primidi & sextidi ; la seconde classe, les duodi & septidi ; & la troisieme classe, les tridi & octidi. La premiere séance de chaque décade sera publique.

II.

Le bureau de chaque classe sera formé d'un président & de deux secrétaires.

III.

Le président sera élu par chaque classe, pour six mois, au scrutin & à la pluralité absolue, dans les premieres séances de Vendémiaire & de Germinal : il ne pourra être réélu qu'après six mois d'intervalle.

IV.

Le président sera remplacé, dans son absence, par le membre présent sorti le plus nouvellement de la présidence.

V.

Dans la premiere, séance de chaque sémestre, chacune des classes procédera à l'élection d'un secrétaire de la même maniere que pour l'élection d'un président. Chaque secrétaire restera en fonctions pendant un an, & ne pourra être réélu qu'une fois. La premiere fois, on nommera deux secrétaires, & l'un d'eux sortira six mois après par la voie du sort.

VI.

L'Institut s'assemblera le quintidi de la premiere décade de chaque mois, pour s'occuper de ses affaires générales, prendre connaissance des travaux des classes, & procéder aux élections.

VII.

Il sera présidé alternativement par l'un des trois présidens des classes, & suivant leur or-

Tome II.   C

dre numérique. Le sort déterminera celui qui présidera dans la premiere séance.

VIII.

Le bureau de la classe du président sera celui de l'Institut, pendant la séance, & durant le mois qui la suit ; il sera chargé, dans cet intervalle, de la correspondance & des affaires de l'Institut.

IX.

Les quatre séances publiques de l'Institut auront lieu les 15 Vendémiaire, Nivôse, Germinal & Messidor.

Elections.

IX.

Quand une place sera vacante dans une classe, un mois après la notification de cette vacance, la classe délibérera, par la voie du scrutin, s'il y a lieu ou non de procéder à la remplir. Si la classe est d'avis qu'il n'y a point lieu d'y procéder, elle délibérera de

nouveau sur cet objet trois mois après, & ainsi
de suite.

XI.

Lorsqu'il sera arrêté qu'il y a lieu de procéder à l'élection, la section dans laquelle la
place sera vacante, présentera à la classe une
liste de cinq candidats au moins.

XII.

S'il s'agit d'un associé étranger, la liste sera
présentée par une commission formée d'un
membre de chaque section de la classe, élu
par cette section.

XIII.

Si deux membres de la classe demandent
qu'un ou plusieurs autres candidats soient
portés sur la liste, la classe délibérera par la
voie du scrutin, & séparément, sur chacun de
ces candidats.

XIV.

La liste étant ainsi formée & présentée à la
classe, si les deux tiers des membres sont présens, chacun d'eux écrira sur un billet les

noms des candidats portés sur la liste, suivant l'ordre du mérite qu'il leur attribue, en écrivant, 1, vis-à-vis du dernier nom, 2, vis-à-vis de l'avant dernier nom, 3, vis-à-vis du nom immédiatement supérieur, & ainsi du reste jusqu'au premier nom.

XV.

Le président fera à haute voix le dépouillement du scrutin, & les deux secrétaires écriront au dessous des noms de chaque candidat, les nombres qui leur correspondent dans chaque billet : ils feront ensuite la somme de tous ces nombres ; & les trois noms auxquels répondront les trois plus grandes sommes, formeront, dans le même ordre, la liste de présentation à l'Institut.

XVI.

S'il arrive qu'une ou plusieurs autres sommes soient égales à la plus petite de ces trois sommes, les noms correspondans seront portés sur la liste de présentation, dans laquelle on tiendra note de l'égalité des sommes.

XVII.

Si les deux tiers des membres ne sont pas présens à la séance, la formation de la liste de présentation à l'Institut sera renvoyée à la plus prochaine séance, qui réunira les deux tiers des membres.

XVIII.

La liste formée par la classe sera présentée à l'Institut dans la séance suivante. Un mois après cette présentation, si les deux tiers des membres de l'Institut sont présens à la séance, on procédera à l'élection ; autrement, l'élection sera renvoyée à la plus prochaine séance qui réunira la majorité des membres.

XIX.

L'élection aura lieu entre les candidats portés sur la liste de présentation de la classe, suivant le mode prescrit pour la formation de cette liste. Le candidat au nom duquel répondra la plus grande somme, sera proclamé par le président, qui lui donnera avis de sa nomination.

XX.

Dans le cas de l'égalité des sommes les plus grandes ; on procédera, un mois après, & suivant le mode précédent, à un nouveau scrutin entre les seuls candidats aux noms desquels ces sommes répondent.

XXI.

Si plusieurs candidats sont élus dans la même séance, l'âge déterminera leur rang d'ancienneté dans la liste des membres de l'Institut.

XXII.

Les citoyens qui, par la loi du 3 Brumaire sur l'organisation de l'instruction publique, doivent être choisis par l'Institut pour voyager & faire des recherches sur l'agriculture, seront élus au scrutin, d'après une liste au moins triple du nombre des places à remplir ; cette liste sera présentée à l'Institut par une commission formée d'un membre de chaque section des deux premieres classes, élu par cette section.

XXIII.

Les candidats au nom desquels répondront, dans le dépouillement du scrutin, les plus grandes sommes prises en nombre égal à celui des places à remplir, seront élus ; & dans le cas d'égalité de suffrages, les plus âgés auront la préférence.

Publication des Travaux de l'Institut.

XXIV.

Chaque classe publiera séparément les Mémoires de ses membres & de ses associés : la premiere sous le titre de Mémoires de l'Institut National, sciences mathématiques & physiques ; la seconde, sous celui de Mémoires de l'Institut National, sciences morales & politiques ; & la troisieme, sous le titre de Mémoires de l'Institut National, littérature & beaux-arts. Les classes publieront de plus les pieces qui auront remporté les prix ; les Mémoires des savans étrangers qui leur seront pré-

sentés ; & la description des inventions nouvelles les plus utiles.

XXV.

L'Institut National continuera la description des arts commencée par l'académie des
sciences, & l'extrait des manuscrits des bibliotheques nationales commencé par l'académie
des inscriptions & belles-lettres. Il sera chargé
de toutes les opérations relatives à la fixation
de l'unité des poids & mesures ; & lorsqu'elles
seront terminées, il sera dépositaire d'une
mesure originale de cette unité, en platine.

XXVI.

Les associés correspondront avec la classe
à laquelle ils appartiennent. Ils lui enverront
leurs observations, & lui feront part de tout
ce qu'ils connaîtront de nouveau dans les
sciences & les arts. Lorsqu'ils viendront à
Paris, ils auront droit d'assister aux séances
de l'Institut & de ses classes, & de participer
à leurs travaux, mais sans y avoir ni voix élec-
tive, ni fonctions relatives au régime intérieur.
Ils ne cesseront d'être associés qu'après un an

de domicile à Paris, & dans ce cas on procédera à leur remplacement.

XXVII.

Les six membres de l'Institut qui par la loi
du 3 Brumaire sur l'organisation de l'instruction publique, doivent faire chaque année des
voyages utiles au progrès des arts & des
sciences, seront choisis par tiers dans chacune
des classes.

Prix.

XXVIII.

L'Institut National proposera six prix tous
les ans ; chaque classe indiquera les sujets de
deux de ces prix, qu'elle adjugera seule. Les
prix seront distribués par l'Institut dans les
séances publiques.

XXIX.

Lorsqu'il aura paru un ouvrage important
dans les sciences, les lettres & les arts, l'Institut pourra proposer au corps législatif de
décerner à l'auteur une récompense nationale.

XXX.

Les trois sections réunies de peinture, de sculpture & d'architecture choisiront au concours les artistes qui, conformément à la loi du 3 Brumaire sur l'instruction publique, seront désignés par l'Institut pour être envoyés à Rome.

Fonds de Dépenses de l'Institut.

XXXI.

Chaque classe nommera deux membres qui seront dépositaires de ses fonds, & chargés, de concert avec le bureau, d'en faire la distribution, de surveiller l'impression des mémoires & toutes les dépenses de la classe.

XXXII.

Ces membres seront renouvellés tous les ans ; savoir le plus ancien, dans la premiere séance de chaque sémestre. Ils seront élus au scrutin & à la pluralité absolue. La premiere fois, la classe en nommera deux ; dont un sortira six mois après par la voie du sort.

XXXIII.

La commission formée des six membres dépositaires des fonds de chaque classe, sera dépositaire des fonds de l'Institut, & chargée d'en faire & d'en surveiller l'emploi : elle en rendra compte tous les ans à l'Institut.

Emplacemens & Bibliotheques.

XXXIV.

Les emplacemens nécessaires à l'Institut pour ses séances & celles des ses classes, pour ses collections & ses bibliotheques, sont fixés conformément au plan annexé à ce réglement.

XXXV.

Ils sont exclusivement destinés à l'Institut, & aucun changement ne pourra y être fait que sur sa demande & avec l'approbation du Directoire Exécutif.

XXXVI.

Il sera attaché aux bibliotheques de l'Insti-

tut un bibliothécaire & deux sous-bibliothécaires.

XXXVII.

Le bibliothécaire sera élu par l'Institut, au
scrutin & à la pluralité absolue.

XXXVIII.

Les sous-bibliothécaires seront nommés par
l'Institut, & choisis hors de son sein, sur la
présentation du bibliothécaire.

XXXIX.

Les bibliotheques seront sous la surveillance
de la commission des six membres chargés
des fonds & des dépenses de l'Institut.

Compte à rendre au Corps Législatif.

XL.

Les secrétaires de chaque classe se réuniront pour rédiger le compte de ses travaux ;
ils le présenteront, dans la premiere séance de
Fructidor, à la classe qui, après l'avoir discuté,

le présentera à l'Institut dans sa séance du même mois.

XLI.

Le président de l'Institut écrira ensuite aux présidens des deux conseils, pour demander l'admission de la commission chargée de ren-dre compte au corps législatif des travaux de l'Institut. Cette commission sera composée des bureaux des trois classes.

L'Institut National est autorisé à faire tous les réglemens de détail relatifs à la tenue de ses séances générales & particulieres & à ses travaux, en se conformant aux dispositions du présent réglement.

La présente résolution sera imprimée.

Signé

A. C. THIBAUDEAU, Président.

P. J. AUDOUIN,
GIBERT-DESMOLIERES, } Secrétaires.

Lecture faite de la résolution ci-dessus, dans les séances des 29 Ventôse, 7 Germinal, & de ce jour, & après avoir entendu le rapport de la commission nommée le 29 Ventôse, le Conseil des Anciens approuve la résolution ci-dessus.

Le 15 Germinal, an 4 de la République Française.

Signé

J. A. Creuzé-Latouche, Président.

D'Alphonse,
Meillan,   } Secrétaires.
De Torcy,

AU NOM DE LA RÉPUBLIQUE FRANÇAISE.

LOI,

*Portant que les Séances ordinaires & journa-
lieres de l'Institut National ne seront point
publiques.*

*Du 9 Floréal, an 4 de la République
Française, une & indivisible.*

Le Conseil des Anciens, adoptant les motifs de la déclaration d'urgence, qui précéde
la resolution ci-après, approuve l'acte d'urgence. Suit la teneur de la déclaration d'urgence & de la résolution du 7 Floréal, an 4.

Le Conseil des Cinq-cents, considérant que
d'après l'article vi. du titre iv. de la loi du
3 Brumaire, l'Institut National doit avoir
quatre séances publiques par an ; que conséquemment, dans l'esprit de la dite loi, les
séances ordinaires & journalieres doivent être
privées & intérieures ;

Qu'il est sensible d'ailleurs que dans ces séances, consacrées à la discussion des travaux de chaque classe, à la recherche & à la combinaison des résultats les plus utiles, la publicité présenterait plus d'inconvéniens que d'avantages ;

Que puisque tout ce qui intéresse le public lui sera offert, soit dans le quatre séances publiques indiquées chaque année, soit par la publication des Mémoires de l'Institut, il faut prévenir que les citoyens qui se vouent à de si grands objets d'intérêt public ne soient distraits du silence, du recueillement & de la méditation qu'exigent leurs travaux préparatoires & journaliers ;

Considérant que l'organisation définitive & entiere de l'Institut National intéresse essentiellement la chose publique, sous le double rapport du perfectionnement des sciences, des arts, & de la confection des travaux particuliers dont il est chargé par le gouvernement ;

Déclare qu'il y a urgence. Après avoir déclaré l'urgence, le Conseil prend la résolution suivante :

L'article 1er de la loi du 15 Germinal est rapporté en ce qui concerne la publicité des séances ordinaires & journalieres de l'Institut National.

La présente résolution ne sera point imprimée.

Signé

CRASSOUS, Président.

L. C. BEFFROY,
BION,
LA PLAIGNE,
} Secrétaires.

Après une seconde lecture, le Conseil des Anciens approuve la résolution ci-dessus.

Le 9 Floréal, an 4 de la République Française, une & indivisible.

Signé

LE COUTEULX-CANTELEU, Président.

LARMAGNAC,
MARRAGON,
C. ALIX,
YSABEAU,
DELACOSTE,
} Secrétaires.

TOME II.   D

Le Directoire Exécutif ordonne que la loi ci-dessus sera publiée, exécutée, & qu'elle sera munie du sceau de la République.

Fait au palais national du Directoire Exécutif, le 9 Floréal, an 4 de la République Française, une & indivisible.

Pour expédition conforme :
Signé   Le Tourneur, Président.

Par le Directoire Exécutif, le Secrétaire-général,
Signé   La Garde.

Certifié conforme :

Le Ministre de la Justice,
Signé   Merlin.

La salle des séances publiques de l'Institut National est digne de sa destination par sa beauté extérieure, & intérieurement par sa solidité & la convenance de son arrangement. C'était ci-devant la salle des antiques du Louvre. La grande porte est surmontée par une tribune saillante, supportée par quatre belles cariatides. On monte par une estrade qui conduit à égale hauteur de deux côtés de la salle à une magnifique galerie ouverte, soutenue par des colonnes. Sur les deux longs côtés sont douze fenêtres, qui n'étant ouvertes que par le haut, font descendre dans la salle un jour favorable. L'avance de chacune de ces fenêtres est formée par deux colonnes cannelées d'une pierre de grais sanguin, ainsi que la voûte de la galerie & les cariatides. Les colonnes supportent pareillement la voûte du toit. Dans ces niches & dans la galerie sont placées vingt-quatre statues d'un très-beau marbre de Carrare, représentant autant de Français célebres, hommes d'état, héros & savants : *Racine, Corneille, St. Maur, Molé, Rollin, Condé, Tourville, Descartes, Bayard, Sully,*

Turenne, Daguesseau, Luxembourg, l'Hôpital, Bossuet, Duquesne, Catinat, Vauban, Fenelon, Blaise-Pascal, Moliere, Montesquieu, La Fontaine : il y avait encore deux places vuides pour *Rousseau* & *Voltaire.* Plusieurs de ces statues font honneur à des artistes encore vivants. L'attitude & l'expression ont du génie & du caractere. L'habillement & les draperies sont bien exécutés. Elles étaient destinées pour le musée. Mais elles sont à leur vraie place, dans ce lieu, où les portraits des grands hommes des siecles passés, qui paraissent respirer sous ce marbre, animent leurs successeurs & les invitent à égaler leur gloire.

De cette partie élevée on descend au moyen de quelques marches par les deux petits côtés de ce long parallelogramme dans le milieu de la salle. Un double rang de tables d'un bois dur & poli travaillé dans le goût antique, avec de bancs matelassés l'environne. Derriere ces siéges des membres regne autour de la salle une enceinte qui les sépare d'avec les spectateurs, qui se tiennent en avant des fenêtres & de la galerie. Une grosse lampe *d'Ar-*

gant, à trois branches, est suspendue devant chaque statue, ce qui les éclaire parfaitement. Ces lampes & quatre candelabres très-élevés répandent dans toutes les parties de la salle une lumiere éclatante. Cette salle présente une grandeur majestueuse : il est impossible de décrire la beauté de son coup d'œil dans les séances publiques, lorsque les deux côtés formant une espece d'amphithéatre, la galerie, & l'estrade de la porte d'entrée, sont remplies de spectateurs de la classe la plus polie & la plus brillante des citoyens, & les membres assis autour de leurs tables.

Le 15 Germinal (4 Avril) jour de l'ouverture solemnelle de l'Institut & du discours d'inauguration du Directoire, je vis cette salle dans son plus grand éclat. C'était après la sensation de la malheureuse époque de l'anarchie destructrice, le jour de fête de la renaissance de la littérature Française, & tout concourait à le rendre plus auguste. La journée était une des plus belles du printems, & une attente agréable avait attiré la société la plus choisie de Paris. Dès deux heures après midi la foule était énorme dans la cour du Louvre & à la porte d'entrée. La salle, qui peut contenir à-peu-près cinq cent personnes était ouverte & remplie de spectateurs des deux sexes. Il y avait de tems en tems de la rumeur à la porte, & les militaires y étaient très-pressés par la foule. Il y avait aussi quelques gardes dans la salle, mais elles étaient de trop. Qu'a de commun l'appareil militaire avec l'esprit des sciences? disaient le lendemain plusieurs journalistes.

A quatre heures sonnantes le Directoire entra dans la salle, dans son costume, accompagné de ses ministres & de ses huissiers. A la suite des directeurs étaient tous les ministres des cours étrangeres. Les directeurs resterent debout devant leurs fauteuils sur l'estrade de la grande entrée, tout le tems que le président *Letourneur* adressa la parole aux membres assis, & pendant que le président de l'Institut, *Dussaulx*, lui répondit. La déclamation monotone de *Letourneur* affaiblit l'impression de son discours, qui fut cependant très-applaudi. Il contenait plusieurs passages pleins d'énergie & de sentiment. J'ai commencé ce chapitre par en citer un fragment.

Après la courte réponse du président *Dussaulx, Daunou*, un des meilleurs orateurs du conseil des Cinq-cents, membre de la seconde classe de l'Institut, se leva, & exposa avec une véritable éloquence Républicaine, l'esprit du nouvel institut des sciences & des arts. Il désigna son grand objet, savoir : d'ordonner & de lier ensemble tous les objets de l'institution, d'étendre les limites des connaissances humaines, d'exciter l'énergie du talent, de récompenser ses progrès, de rassembler les découvertes, de répandre les lumieres, de conserver & d'étendre les fruits de la pensée & les trésors du génie, & pour parvenir plus sûrement à ce but qui embrasse tant d'objets, de se lier à l'avenir dans toutes les parties du globe avec les hommes, qui par leur utilité commune & par la renommée de leurs savans travaux appartiennent à tous les pays & à tous les siecles. L'excellent discours de *Daunou* fut souvent interrompu par des applaudissemens bruyans & par des cris d'enthousiasme de toute l'assemblée.

Les trois secrétaires des différentes classes, *Lacepede*, *Le Breton*, & *Fontanes*, firent ensuite un rapport abregé sur les travaux des différens membres de leurs classes pendant l'époque dernierement écoulée.

L'agreable poëte *Colin d'Harleville* lut ensuite une allégorie intitulée, *La Grande Famille Réunie*, pleine de sensibilité & de sel attique. Il parla très-bas, & pour pouvoir l'entendre on l'engagea à se mettre au milieu de la salle ; malgré cette précaution les auditeurs éloignés perdirent beaucoup, il avait d'ailleurs mal-appris ses vers, & il aime mieux entendre murmurer contre lui que de lire son cayer ; on entendait avec peine cet homme maladif & entierement déconcerté : *Mercier* me dit ensuite ce jeu de mot un peu méchant, mais vrai, *il avait bien l'air de Colin, mais non celui d'Harleville.*

On respira plus à l'aise lorsque *Fourcroy* avec une voix mâle, coulante & attrayante lut ses observations sur le sel fulminant, *sur les détonations de muriate suroxigené de potasse:*

Ensuite *Cabanis*, le médecin philosophique

de Mirabeau, lut un extrait de son ouvrage sur les rapports entre l'organisation phisique & morale, plein d'idées philosophiques profondes.

La Cepede déclama ensuite l'éloge funebre de *Vandermonde* membre de l'Institut. Quelques auditeurs murmurerent sur les détours que cet excellent orateur, dont je n'oublierai jamais le mérite comme homme & comme savant, avait pris pour affaiblir le rôle révolutionnaire odieux que le mort avait joué sous *Robespierre*, & un homme dit assez haut auprès de moi : celui-là aurait mérité une autre sépulture & un autre panégyrique—laissez les morts en paix : lui répondis-je.

Prony le géographe, donna le résultat de ses recherches sur l'étendue & la population de la France, qui a été depuis attaqué dans les journaux.

Le comédien *Marcel*, membre de la troisieme classe, fit un très-grand plaisir par la déclamation d'un poëme satirique *d'Andrieux*, *le Procès du Sénat de Capoue*, d'après Tite Live, liv. xxiii. chap. 2, 3 & 4. L'excellente déclation du lecteur fit beaucoup valoir ce mor-

ceau, qui d'ailleurs ne manquait ni d'imagination ni de gaieté mordante.

Le Breton lut ensuite le panégyrique de
Raynal, il adoucit avec adresse les faiblesses
de cet écrivain, & il plaça ses mérites dans un
jour favorable. Il avait perdu à la révolution ses grands biens, qu'il avait toujours employés ou à soutenir des établissemens utiles,
ou à tirer de l'oubli & de la misere le mérite
méconnu, il est mort pauvre à quatre-vingt
un ans. Son *Histoire Philosophique* a eu vingt
éditions légitimes, sans compter les contre-
façons. *Le Breton* combattit avec indigna-
tion le bruit répandu dans les dernieres années
de la vie de cet homme célebre par des calomniateurs & des envieux, qui disaient que
Raynal n'avait eu aucune part à la composition de cet ouvrage, auquel il n'avait fait que
prêter son nom. Dans un ouvrage, dit *Le
Breton*, composé en grande partie de pieces
de rapports, *Raynal* a du rechercher partout
& employer des secours étrangers, mais il
n'en est pas moins le créateur de son ouvrage,
il l'a commencé seul, il l'a continué & achevé

seul. Il a mis en ordre suivant son plan les matériaux qui lui ont été fournis, il a projetté la marche de l'ouvrage, il a disposé les faits & les caractered, il y a mêlé ses propres observations ; jamais, malgré les fréquentes occasions, personne ne s'est présenté pour réclamer une propriété usurpée de cet ouvrage, & pour partager la célébrité que son auteur a acquise par la hardiesse des vérités qu'il y a répandues. Le dernier travail de *Raynal,* au tems de sa mort, était une nouvelle édition de son Histoire Philosophique, qui était très-augmentée & retravaillée. Il a laissé un plan & plusieurs manuscrits pour une histoire philosophique du commerce des Européens en Afrique. La postérité, dit *Le Breton,* en terminant ce bel éloge, assignera un jour à *Raynal* une place distinguée parmi les philosophes qui ont honoré leur siecle. Il a défendu la cause de tous les peuples, il les a fait rougir de leur longue servitude. La gloire couronne la vie d'un homme qui a aussi essentiellement servi l'humanité.

Grégoire lut une dissertation trop étendue

pour une pareille séance sur l'influence des sciences sur le bien public.

Cuvier communiqua ses recherches sur les différentes races d'éléphants, & une description détaillée des fossiles d'os d'éléphans qu'on a enlevés du cabinet d'Orange pour le Musée de l'Histoire Naturelle.

Après lui, le vieux *Dussaulx* lut un fragment de son voyage des Pyrénées, plein du feu de la jeunesse.—Le poëte *Le Brun* une ode, l'Inspiration—& le jeune chimiste *Vauquelin*, très-actif collaborateur de *Fourcroy*, termina la séance par des recherches faites d'après sa théorie sur la détonation du sel acide, (*détonation par le choc du muriate suroxigené de potasse.*)

La séance avait duré près de cinq heures, au milieu d'une chaleur presqu' insupportable occasionnée par l'extrême plénitude de la salle, sans qu'aucun auditeur eût quitté sa place,. & qu'aucune délicate Parisienne ne s'évanouît; le silence convenable à la dignité d'une pareille journée ne fut rompu que par de fréquents applaudissements enthousiastiques.

Les séances publiques de tous les mois pre-
scrites par la Constitution de l'Institut, par
les trois classes réunies, se tiennent aussi dans
cette belle salle, mais par la loi du 9 Floréal
l'entrée en était interdite aux étrangeres.
J'obtins la permission d'y assister ainsi qu'aux
séances journalieres, & j'en ai l'obligation,
ainsi que de beaucoup d'autres témoignages
d'hospitalité à la bienveillance cordiale de plusieurs représentans & membres de l'Institut.
Dans les assemblées de chaque mois on s'aper-
çoit d'un défaut de construction de la salle,
qui ne favorise pas le but des assemblées,
quand elle n'est pas entierement pleine. Alors
les voix des orateurs se perdent, & même celle
de *Fourcroy*, qui est un des organes les plus
forts, & les mieux articulés que j'ai jamais en-
tendus, dégénérait en un ton sourd & con-
fus, quand on n'était pas précisement très-
près de lui.

Là, sous les voûtes consacrées aux sciences &
à la commémoration du mérite, vos manes reçoivent, de la profonde estime & de l'amour de
vos dignes concitoyens, les hommages funebres

les plus pur... ô ... malheureuses victimes de
l'... anarchie & du despotisme épouvantable, que la lâcheté du peuple a pu supporter
si long tems! ô vous, grands hommes, *Bailly,
Lavoisier, La Rochefoucauld, Chamfort, Males-
herbes, Condorcet, Florian !* Chaque larme que
votre cher souvenir fait couler, est une impré-
cation contre vos assassins. Chaque parole
de deuil qu'on prononce sur vous, est un serment solemnel de l'élite de la nation, de défendre, comme sa vie propre, la loi qui garan-
tit à l'avenir le bonheur du peuple. L'ame
ressent l'impression la plus délicieuse, lorsqu'on entend que chaque sujet, même en apparence le plus éloigné, qui rappelle le souvenir
des immortels services rendus aux sciences
par un *Bailly*, un *Lavoisier*, opere dans toute
l'assemblée l'effet de l'électricité, & arrache à
chaque auditeur les expressions les plus ani-
nimées sur eux & sur leurs nobles compagnons
d'infortune. Lorsque *Fourcroy*, dans l'assemblée publique en lisant son mémoire sur le
sel fulminant, rapporta sans affectation l'avanture arrivée à Essone, où l'épreuve que l'on fit

de préparer de la poudre à tirer avec du sel acide de potasse oxigené (*muriate de potasse oxigené*) coûta la vie à quelques personnes, & mit en danger celle de *Lavoisier*, la sensation fut universelle : l'orateur n'avait pas prononcé son nom, mais les membres & les spectateurs le nommèrent tout haut, & ce mouvement universel fut accompagné d'un applaudissement bruyant, mêlé d'un attendrissement très-sensible, au nom de ce grand homme généralement aimé.

Le 15 Messidor (3 Juillet) à la séance publique qui a lieu tous les trois mois, au moment où j'entrais dans la salle je trouvai tous les spectateurs qui étaient en très-grand nombre, dans un enthousiasme général, c'était un tumulte de voix, de cris, de battements de mains : je voyais des hommes essuyer leurs larmes, des femmes en pleurs, je demandai inutilement la cause de cette commotion universelle. C'était *Prony* qui lisait l'éloge funèbre de l'astronome *Pingré* mort nouvellement à 80 ans. Son sujet l'avait amené à parler des services que son ami *Bailly* avait rendus à l'Astronomie. Dès qu'il eut prononcé le nom de ce vieillard respectable, assassiné avec le traitement le plus outrageant & le plus révoltant pour l'humanité, une effervescence de ressentiment se répandit dans l'assemblée; l'orateur fut obligé pendant long-tems de céder à cet enthousiasme. Après un long silence, pénétré lui-même, il fit avec beaucoup de dignité une apostrophe pleine de dignité aux manes sanglantes de *Bailly*, il lui offrit l'hommage de la reconnaissance & de la vénération de ses contemporains gémissants sur son sort. L'émotion de l'orateur, qui souvent interrompait ses paroles, fut partagée par tout l'auditoire. Le silence le plus profond régnait ; il semblait dans ces moments d'un calme sublime, qui succéderent au bruyant enthousiasme, pendant lesquels la sensibilité générale était montée au plus haut dégré d'exaltation, que l'ombre de ce grand homme, appaisée par cet hommage funebre, planait sur l'assemblée, & l'inspirait. Cette expression muette était l'hommage le plus éloquent rendu au mérite d'un homme, dont le nom est inscrit dans les an-

nales des sciences & dans l'histoire de son
siecle parmi les noms les plus honorables.

Les séances particulieres de chaque semaine
de l'Institut National se tiennent dans l'ancienne salle de l'Académie Française, au second étage du Louvre. Cette salle est voi-
sine de la chambre à coucher d'Henry IV.
Je vis dans cet appartement antique une alcove
surchargée de sculptures & de dorures gothiques dans laquelle ce bon roi fut exposé,
après avoir succombé sous le poignard de *Ra-
vaillac.*

Le projet d'exclure des séances particulieres tout auditeur étranger, qui a été sanctionné par la loi du 9 Floréal, avait d'abord
rencontré beaucoup d'opposition de la part
des membres. Mais les avis furent entraînés
par le motif de conserver à cet établissement
la tranquillité qu'il exige ; on considéra que
vû l'esprit de persiflage & de dépréciation qui
domine dans les sociétés de Paris, & qui dirige beaucoup de journaux, l'Institut ne devait pas se mettre en butte aux méchans, & voir
ses travaux gênés par la présence de gens sus

peċts : d'autant plus qu'on était encore très-occupé des détails de son organisation intérieure, qui occasionnait des débats quelquefois très-vifs, dont on ne voulait pas donner connaissance à des hommes qui les auraient tournés en ridicule. Ces séances particulieres m'ont fourni une occupation très-instructive & très-agréable. C'est là que se montrait sans contrainte le génie de cette assemblée. C'est là que les idées des meilleures têtes se développaient librement. La contradiction était accueillie, on y répondait avec franchise. Les débats étaient animés, mais sans emportement ; profonds, mais sans dégénérer en opiniâtreté & en passion.

La littérature Allemande est en grande considération parmi les savans Français. Dans les séances particulieres de l'Institut elle était le sujet de plusieurs projets & de dissertations pour se procurer les moyens de faire un rapprochement, & d'établir une liaison plus étroite entre les deux littératures. A cette occasion, on citait avec la considération qu'ils méritent les noms de plusieurs des plus célebres litté-

ratéurs Allemands, dont quelques uns sont déjà d'avance désignés à être invités de s'associer
à l'Institut après la paix générale.

Dans la séance du 21 Germinal (10 Avril),
Fourcroy fit la motion d'envoyer les Mémoires
de l'Institut, dès qu'ils paraîtraient, aux instituts littéraires & même à des savans particuliers de l'Allemagne. " Nous ne pouvons,
dit-il, mettre trop tôt en œuvre ce projet pour
l'avantage de notre littérature, pour effectuer
le rapprochement avec les savans étrangers,
que je regarde comme essentiellement lié avec
le plan de l'Institut." Il proposa en conséquence de nommer une commission pour rédiger les Mémoires de la premiere classe, à
laquelle il est attaché, & pour en préparer
l'impression.

Le 23 Germinal (12 Avril), dans la séance
de la troisieme classe, *Camus* proposa pour
compléter la collection des livres de l'Institut,
de faire venir régulierement les journaux
étrangers. Il donna une liste prodigieuse des
journaux Allemands le plus connus, dont plusieurs avaient déjà perdu depuis long-tems la

vogue, dont ils avaient peut-être joui dans leur début; je ne pus m'empêcher d'en faire la remarque à mes deux voisins, *Dolomieu* & *Grégoire.* " Ces journaux, ajouta Camus, sont les dépots de découvertes très-importantes, d'observations subtiles, d'extraits instructifs."

Un autre projet plus ancien, dont la discussion doit avoir été renvoyée à un comité, regarde l'organisation d'une *commission de correspondance étrangere,* qui doit être composée de membres, qui connaissent assez les langues des pays avec lesquels l'Institut devra correspondre, pour pouvoir entretenir un commerce de lettres avec les savans étrangers dans leur propre langue, ou au moins pour comprendre les lettres qu'ils recevront d'eux. Toutes les dépenses de la correspondance avec les savans étrangers seront aux frais de l'Institut : on leur facilitera de toutes les manieres la communication de leurs observations & de leurs découvertes, & on s'engagera du côté de l'Institut à la communication réciproque pour chacun d'eux, dans le genre qui lui est propre, de tous les travaux littéraires ou des arts, des Français. Aussitôt après la paix, cette commission doit être mise dans une activité aussi importante qu'utile pour ces deux nations.

La nomination des associés étrangers demeure pareillement suspendue jusqu'à cette époque si désirée, pour ne pas compromettre l'Institut par l'offre, & les savans étrangers par l'acceptation de ces places. Il y a dans la conduite de ce plan une sensibilité & une délicatesse, qui honore d'autant plus les excellents hommes qui ont projetté l'offre de ces places aussi honorables pour les savans étrangers. Comme il est de toute vérité que la littérature n'a rien de commun avec la politique, des savans étrangers, des hommes libres ne peuvent pas balancer sur l'acceptation immédiate de cette offre.

Du nombre des solliciteurs les plus actifs du projet de rapprochement de la littérature Allemande, sont principalement *Camus*, *Bitaubé*, qui par sa résidence de plusieurs années en Allemagne a appris à connaître notre littérature, & l'évêque *Grégoire*. Le dernier n'entend pas du tout notre langue, mais son excellente mémoire embrasse une connaissance étendue & chosie de notre littérature qu'il **a** acquise ou par des communications de bouche, ou par écrit, ou par des extraits & des traductions, ou par des ouvrages Latins publiés en Allemagne. Il m'a parlé avec une vivacité d'expression qui lui est propre, & une grande chaleur pour tout ce qui concerne la littérature, du mérite des savans Allemands, & de son désir de voir associer à l'Institut plusieurs d'entr'eux qu'il estime particulierement.

Le représentant *Grégoire* est animé d'une activité infatigable pour tout ce qui intéresse l'utilité commune & les progrès des sciences & des arts. Il s'est acquis un grand mérite, comme membre de l'ancien comité de l'instruction publique, par ses travaux préparatoires, & par ses plans importans pour l'éducation nationale, & pour l'avancement des sciences & des arts. Ses principes religieux & sa conduite à l'égard du culte catholique est une énigme pour beaucoup de monde. Un

jour que nous parlions dans l'Institut des progrès de *Buonaparte* en Italie, & de ses espérances de voir bientôt les armées républicaines
devant le Vatican, il me dit : " je suis bon
catholique, mais je hais la puissance tempo-
relle du Pape, & je souhaite de tout mon
cœur en voir la fin." Dans ce peu de mots
se trouve la profession de foi de *Grégoire*, &
peut-être en même tems l'explication de sa
conduite ecclésiastique, qui aux yeux de beaucoup de monde est une contradiction & une
folie.

Grégoire m'a parlé souvent avec la plus forte
considération de *George Forster*, cet auteur classique de la littérature Allemande, & se plaisait
beaucoup à entendre de moi des détails sur les
circonstances de sa vie. D'après ses indications
& ses secours, auxquels j'ai l'obligation de tant
d'heures agréables & instructives à Paris, j'ai
trouvé l'importante succession littéraire de ce
savant, qui ne peut pas être remplacé dans la
littérature Allemande. Elle consiste en un
nombre considérable de manuscrits sur des
objets historiques, géographiques, naturalistes

& politiques. Ce dépôt, lorsque *Forster* est mort à Paris, avait été confié au comité d'Instruction publique, & celui-ci en avait livré la plus grande partie qui regardait l'histoire naturelle au Musée, pour faire un rapport sur son contenu & sur les moyens d'en enrichir la littérature & d'en tirer un parti lucratif pour indemniser les enfans qu'il laissait. J'ai vu au Musée ces manuscrits dans les mains du Botaniste *Jussieux*. Il m'en a parlé avec le plus grand éloge, & il m'a témoigné ses regrets de ne pas comprendre l'Allemand, pour pouvoir lire les manuscrits de *Forster* dans cette langue. La surcharge des affaires avait fait presqu'oublier ces manuscrits, ainsi que les autres qui étaient déposés à la commission actuelle d'Instruction publique, sous l'inspection de *Le Breton* & de *Ginguené*. D'après les assurances qui m'ont été données par ces citoyens & par plusieurs représentans & savans, chauds amis de *Forster*, le recouvrement de cette propriété n'éprouvera aucune difficulté pour ses héritiers.

Les manuscrits, que j'ai obtenu sans peine

la permission de parcourir, sont écrits en Anglais, en Français & en Allemand. Les plus importants sont intitulés—*Sur la Prépondérance Politique de la République Française.—Sur la Situation Politique de l'Europe & surtout de l'Allemagne.—Sur la Science du Gouvernement.—Sur l'Epoque de la Prise & de l'Occupation de Mayence & Francfort par les Français.—Sur la Technologie Maritime,* & plusieurs morceaux rassemblés pour servir à *l'Histoire de la Mer du Sud.* Les manuscrits concernants ce dernier objet contenaient beaucoup de détails interessants. Comme ils n'ont pas été peut-être employés dans le journal du voyage de *Forster,* il n'y a rien de plus à désirer que de les voir le plutôt possible publiés, ainsi que la plupart de ses autres manuscrits, pour le profit de la littérature.

Des chagrins rongeurs sur ses malheurs personnels & domestiques, des regrets sur ses espérances trompées, ont hâté la mort de Forster. Que la paix repose sur le tombeau de cet homme aussi estimable qu'infortuné ! Que la paix console après sa mort celui qui ne l'a pas trouvée dans ce monde !

MUSÉE NATIONAL D'HISTOIRE NATURELLE.

Le Musée d'Histoire Naturelle brille d'un plus grand éclat que le ci-devant Cabinet Royal d'Histoire Naturelle. Le jardin est considérablement aggrandi, & orné d'un grand auditoire en amphithéâtre ; le bâtiment du Musée est fort augmenté ; les séances sont plus fréquentées, ordonnées avec un meilleur systême & mieux tenues ; sa disposition a subi une entiere métamorphose, & le Musée est devenu un établissement d'instruction publique. Aux douces sensations que me procurent les heures agréablement & utilement employées dans ce beau temple de la nature & dans ses jardins, se joint le souvenir reconnaissant de quantité d'hommes de mérite qui rehaussent & multiplient cette jouissance par leur urbanité & la communication facile de leurs connaissances.

L'époque de l'aggrandissement & de l'appropriation du ci-devant Cabinet & Jardin du Roi à l'utilité publique, date du 10 Juin 1793.

Le ci-devant Comte *de la Cépede* ce savant distingué, cet actif promoteur des sciences, en a
principalement projetté le plan, qui a été
sanctionné par un décret de la Convention
Nationale. Le ci-devant Cabinet d'Histoire
Naturelle a pris le nom qu'il porte & qui lui
convient mieux : treize cours sur les différentes parties des sciences cultivées dans le
Musée ont été fondés, & les professeurs qu'on
a choisis ont été chargé de proposer un plan
convenable de ces lectures. Cela s'est fait, &
sur l'excellent rapport de *Thibaudau*, qui a présenté le plan entier comme membre du comité d'instruction, la nouvelle organisation a
été confirmée par un décret du 21 Frimaire
(10 Décembre) 1794 : en voici un apperçu.

Cours & Professeurs.

Minéralogie — — —	*Daubenton.*
Chimie générale — —	*Fourcroy.*
Arts chimiques — — —	*Broigniard.*
Botanique dans le muséum	*Desfontaines.*

Botanique dans la campagne   *Jussieu.*
Culture des plantes — —   *Thouin.*
Trois cours de zoologie —   *Geoffroy.*
La Cepede—La Marque.
L'anatomie de l'homme —   *Portal.*
L'anatomie des animaux —   *Mertrud.*
Géologie — — — —   *Faujas.*
Iconographie naturelle —   *Van Spaendonck*

Les cours d'anatomie n'ont lieu que l'hiver. Les autres sciences y sont enseignées dans les autres saisons analogues. Les démonstrations anatomiques & les expositions chymiques & géologiques se tiennent sur un très-bel amphithéâtre construit dans le jardin, où j'ai assisté aux lectures de *Broigniard* devant une assemblée de plus de mille auditeurs ; dans le même amphithéâtre & dans le jardin se donnent aussi les leçons sur les plantes étrangeres, de phytologie, celles de minéralogie & de zoologie dans les galeries du Muséum & celles du dessein dans la bibliotheque. Ces cours se suivent gratis, & procurent par an environ cinq cents heures d'instruction. Sous les ordres de l'inspecteur *Lucas*, distingué par ses prévenances & par son urbanité envers les étrangers qui veulent s'instruire, les galeries du Muséum sont ouvertes au public les premier, quatre & septieme jours de chaque décade ; pendant l'été, les jours de décades exceptés, elles sont ouvertes sept heures tous les jours pour les étudians & les étrangers, pour peu que ces derniers soient connus de quelques professeurs. Le jardin est sous l'inspection du principal jardinier *Thouin*, & il est toujours ouvert. Cinq jours par décade les étudians ont à des heures marquées l'entrée dans la bibliotheque, dont sont inspecteurs *Toscan* & *De Launay* ; dans les jours publics elle est ouverte pour tout le monde. Plusieurs sous-inspecteurs montrent & expliquent aux étrangers comme aux propres citoyens, avec autant de bonne volonté que de désintéressement.

L'ordre systêmatique de la collection des minéraux est excellent. Insectes, coquillages, animaux, le soin avec lequel ils sont entretenus, la brillante propreté des galeries & des armoires ! Ce n'est point en vérité pour diminuer le mérite d'un homme, bien supérieur à mes éloges, que je remarque, d'après la comparaison que je peux faire avec ce que j'ai vu douze ans avant, que l'établissement actuel a de très-grands avantages, & très-sensibles à la vue, sur celui qui était sous la direction de *Buffon*.

L'ordre & la classification des minéraux est un monument du Nestor des savans Français, du respectable octogénaire *Daubenton*; les autres instituteurs sont très-occupés chacun dans sa partie à compléter l'ordre général du Musée.

Le Directoire du Musée change tous les ans par élection parmi les Instituteurs, & peut-être prolongé deux années de suite. *Jussieu* était président de mon tems, & on espérait que l'estimable, infatigable & actif *La Cépede* serait élu l'année suivante. J'ai très-souvent été entendre cet homme précieux pour moi à tant d'égards dans ses dissertations sur les serpents. La clarté des idées, le génie & la vie dans l'exposition, une abondance de pensées, un beau style distinguaient ses dissertations.

La Cépede est un savant très-méritant, un homme très-estimable, d'une excellente société & très-chaud républicain. Il a été élu par le département de Paris pour l'un des membres de l'assemblée législative, dont il a été un des premiers présidents. Dans ce court période sa santé très-délicate a beaucoup souffert. Il a été dispensé de ses fonctions. Toutes les fois qu'il occupait le fauteuil, un crachement de sang suivait les efforts que faisait sa poitrine délicate pour se faire entendre. Il quitta Paris sous la dictature de *Robespierre*, pour se rassurer contre les persécutions de ce tyran, il vécut à la campagne dans la solitude, & lorsque le Musée fut organisé il revint sur les pressantes instances du comité d'Instruction.

Les collections particulieres achetées par le gouvernement, le Cabinet d'Orange dont on s'est emparé, les collections confisquées de plusieurs émigrés, des Princes *de Montmorency* & *de Montbarcy* & autres, ont procuré au Musée de grands trésors. Les nouvelles de Paris m'ont appris que le gouvernement vient d'acheter la précieuse collection de *Le Vaillant* de six cents oiseaux empaillés, la plupart de l'Afrique, & huit cents papillons, que j'ai vus chez sa femme, qui a divorcé & qui est à présent mariée à un nommé *Densor*. Parmi les oiseaux il y en avait deux cents d'especes non connues & non encore décrites, dont *Le Vaillant* promet la description dans son Ornithologie qui paraît par cahiers. J'ai vu aussi dans cette collection la peau d'une giraffe, qui du sabot du pied de devant jusqu'aux cornes a 16 pieds 10 pouces de haut.

Le Cabinet d'Orange était encore empaqueté dans plusieurs caisses, jusqu'à ce que l'étage supérieur du Musée auquel on travaillait fût prêt à le recevoir. On y prépare plusieurs grandes salles, qui recevront le jour d'en haut par une coupole en glaces. On avait déjà arrangé d'avance dans une de ces salles, une superbe collection d'oiseaux, aussi inappréciable par la rareté des pieces, que brillante par la disposition pittoresque & naturelle de ces oiseaux parfaitement conservés. On avait aussi apporté de la Haye, plusieurs animaux empaillés & une grande partie des squélettes d'animaux les plus rares. Cette derniere collection est surtout remarquable. Elle était dans une salle particuliere, mais encore sans ordre, attendant un local plus vaste.

Comme j'étais occupé dans cette salle à considérer le squélette de quatorze pieds d'une giraffe, une quantité de singes & les os gigantesques d'un éléphant & d'un rhinocéros, mon pied heurta contre une mauvaise caisse de bois appuyée contre la muraille ; je baissai les yeux, & je vis les restes desséchés d'un grand squélette d'homme d'environ six pieds, à moitié couvert d'un suaire en lambeaux, couché dans cette caisse ouverte, aspect surprenant dans ces lieux ! Quelle est, dis-je à l'inspecteur, cette carcasse pourrie ? Il me répondit avec une voix imposante comme pour me commander le respect, " C'est le cadavre du grand *Turenne*." *Turenne ?* comment les os respectables de ce grand homme se trouvent-ils ici, & qui est ce qui a violé le repos de sa tombe ?—L'inspecteur m'apprit, que lors de la destruction des tombeaux des rois dans

Tome II.   F

l'église de St. Denis, on avait craint que le tombeau & le cadavre de ce héros ne fussent englobés dans cette destruction, en conséquence on l'avait tiré de son cercueil sous prétexte de l'employer à des démonstrations anatomiques, & on l'avait mis ici en sûreté. La chair & la peau s'étaient désséchés sur les os, & on ne pouvait reconnaître aucun des traits du visage. La peau du ventre était déchirée à la place où le boulet de canon avait atteint ce héros. Je considérai avec une vénération muette les restes de ce grand homme—l'image de la grandeur humaine se terminant en *rien,* & je passai.

Une collection de *préparats* anatomiques, arrangés en cire par *Pinson,* anatomiste, & ouvrier en bosse, qui est vivant, a son mérite, mais elle n'est pas à comparer pour la perfection du travail, & elle n'est pas aussi complete que la fameuse collection de Florence. La principale piece est une figure entiere couchée, dont la tête & le corps s'ouvrent, & laissent voir la structure des parties intérieures, & plusieurs préparats séparés pour la théorie des

démonstrations. Ce cabinet manque d'une exposition convenable.

Lorsque le bâtiment sera terminé, lorsque
les belles collections du Musée seront mises en
ordre, on en publiera un catalogue raisonné,
pour lequel chacun des instituteurs travaille
dans sa partie, & ce sera sûrement le premier
de son espece pour la richesse, & qui rem-
plira le mieux son but.

Dans une niche sur le principal escalier
conduisant aux galeries est la statue en marbre du Comte *de Buffon*, par *Pajou*, qui a été
élevée à ce grand homme de son vivant, avec
cette inscription orgueilleuse,

Majestati naturæ par ingenium.

L'idée de cette statue est hardie, son exécution a du mérite. La figure est débout, nue
jusqu'à la ceinture ; une draperie bien jettée
pend sur le bras gauche & descend sur les
reins & les cuisses. De sa main droite il dirige un poinçon vers une table, tenue de sa
main gauche, appuyée sur le globe de la terre.

La tête se tourne un peu vers le côté droit avec l'expression d'une réflexion sublime. A ses pieds sont des productions des regnes végétal & minéral, parfaitement bien travaillées, mais trop entassées, des pierres métalliques, des coraux, & autres productions. Un serpent semble en sortir en se tortillant, & une tête de lion s'avance en saillie près de ses pieds. Un chien de chasse se montre entre ses jambes & leche ses pieds, symbole de la reconnaissance, principale vertu du chien, à qui ce naturaliste a donné des éloges dans son ouvrage. Cette idée est plus favorable à la poésie qu'à la sculpture. La statue n'a pas été endommagée dans le tems des Iconoclastes, quoique les destructeurs ayent répandu leur rage dans le territoire du Musée, & qu'ils ayent brisé dans le jardin la statue du Chevalier *Linnée*. Ce n'est pas par une conséquence du respect pour la mémoire de ce grand homme qu'ils ont épargné la statue de Buffon, puisqu'ils ont détruit sa race entiere, en assassinant son fils unique. Il a expiré sous la guillotine. En montant sur l'échaffaud, pénétré de la grandeur de son nom & de son innocence, il s'écrie à haute voix, en se tournant vers la multitude étourdie : *Je me nomme Buffon, & je meurs innocent.* Dans le moment le sang de *Buffon* coula sur l'échaffaud. Le lâche peuple resta insensible. Les misérables auraient vu de même égorger le célebre pere de cet infortuné.

JARDIN DES PLANTES.

Vous étes les délices de mon imagination, heures inefaçables de ma mémoire, de la jouissance la plus pure que j'ai respirée dans ce magnifique jardin !—Solitaire, errant sur ses collines, j'étais environné de la fraicheur de l'air au lever de l'Aurore ; à midi, des allées superbes de tilleuls m'offraient leurs ombres épaisses ; le soir, j'étais embaumé par le parfum des fleurs & des plantes des cinq parties du monde : chaque fois on fréquente ce jardin avec une nouvelle jouissance. Le printems offre à la vue son brillant vêtement qui enchaîne toujours par de nouveaux attraits, on s'en détache difficilement, on y est ramené avec une nouvelle ardeur pour jouir du spectacle enchanteur de la nature dévelopant son admirable beauté. Ici se déploye sur des couches une tapisserie de fleurs de mille couleurs : là verdissent des plantes inconnues dans notre hémisphere : des arbres étrangers montrent leurs boutons voluptueux, sous le palmier & le cedre du Liban s'éleve auprès de l'orgueilleux aloës.

On ne s'arrête gueres aux Serres dès qu'on les a vues une fois, leur étroit enclos enferme un grand nombre de plantes délicates dans une espace trop rétréci. On éprouve un sentiment pénible en voyant un superbe *cactus Peruviana* cachant sa tête altiere de quarante pieds de haut dans une étroite cloison. Le plan est fait pour de nouvelles serres chaudes, mais son exécution est suspendue.

Du haut des deux collines plantées de sapins qui s'élevent l'une derriere l'autre dans la partie gauche du jardin, on domine une vue très-étendue sur des jardins coupés par des allées d'arbres, sur la Seine, & sur la campagne autour du côté du fauxbourg St. Antoine. Ce tableau reçoit un effet merveilleux du reflet du soleil couchant. Le chétif temple Chinois, placé sur la premiere colline est déplacé, ainsi que sa niaise inscription, *Lumine & calore sol mundum vivificat* ; cette puérilité d'architecture de mauvais goût dépare la belle simplicité du tout. La montre solaire placée dans la petite lanterne de ce chétif temple, peut avoir eu beaucoup d'art dans son invention. Elle signalait les heures au moyen d'un automate qui à midi précis tirait un coup de pistolet, mais à présent il se tient en repos pour épargner la poudre. Son inscription est ingénieuse: *Horas non numero nisi serenas.* Au pied de cette colline sous l'ombre d'un cedre majestueux je vis avec chagrin la place du monument du Chevalier *Linnée.* Là était le buste de cet homme célebre sur un piédestal élevé. Mais les Iconoclastes l'avaient brisé. —Pourquoi ?—Parce qu'il portait un cordon de chevalerie. Le piédestal reste encore sous ce beau cedre, qui éleve sa tête altiere au dessus des autres arbres.

On a achevé les nouveaux arrangemens de la partie considérable dont on a aggrandi le jardin des plantes jusqu'à la Seine. Il restait encore quelques accessoires extérieurs qu'on avait négligés à cause des autres travaux plus pressants. La partie essentielle de la culture des plantes est bien soignée. Parmi dix mille plantes qu'on a mises en ordre d'après le système de *Jussieu*, il y en a deux cent nouvelles, & qui n'ont pas encore été décrites. La plantation des arbres étrangers est admirable. Les différentes especes sont plantées chacune séparément dans un désordre qui plait à l'œil.

Les enclos pour les animaux sont à présent joints au jardin. On doit suivre pour cette disposition un plan projetté par *La Cepede*, plein de difficultés, mais d'une très-belle imagination. Les animaux sauvages doivent peu à peu s'accoutumer au climat, & pour pouvoir observer avec soin leur nature, leur maniere de vivre & leurs propriétés, on les laissera jouir dans des emplacemens vuides d'autant de liberté qu'on pourra accorder sans nuire à la sûreté des hommes. Les animaux étrangers d'une nature plus douce erreront librement dans des parcs plantés d'arbres, d'arbrisseaux & de plantes tirés de leur pays natal. On avait déjà commencé l'exécution de ce plan, qui au premier coup d'œil paraît très-heureusement imaginé.

A la sortie du jardin près de la Seine est un cirque avec des loges pour des animaux sauvages. Le lion, ci-devant le roi des animaux à Versailles, était le principal habitant de ce cirque avec son fidele compagnon, un chien de chasse, qui depuis plusieurs années couchait entre ses ongles, & jouait sans crainte avec sa majestueuse crinière. Le lion a dédaigné le surcroît de liberté qu'on lui avait donné, il est mort. On attendait de la Haye deux éléphans des deux sexes. Les ci-devant courtisans du lion à Versailles, les ours, les loups, les renards, sont aussi là, on a accordé l'amnistie à ces anciens habitans de Versailles. Le long de la grande promenade de tilleuls, à la droite du jardin, on a arrangé d'autres enclos plantés d'arbres. Deux lourds dromadaires y errent lentement. Là des chevreuils folâtres, des daims élancés, bondissent, & se chassent entr'eux.

Entre ces enclos s'ouvre la cour ombragée d'un petit cabaret, c'est un petit bosquet garni de tables & de bancs, où l'on déjeûne avec du pain, du lait & des fruits. Là presque chaque jour, mais surtout le soir du dimanche, se rassemblent, ainsi que dans les allées embaumées, les familles honnêtes des citoyens paisibles, pour lesquels le jardin des plantes est le bien suprême : ils y passent l'après midi & la soirée dans la jouissance calme du spectacle des raretés de la nature ; c'est une grande fête pour les enfans, quand leurs parents les y mènent.

Pour empêcher le désordre dans ce jardin toujours ouvert on a attaché dans plusieurs endroits cette inscription philantropique.

" Citoyens, respectez cette propriété.

" 1. Parce qu'elle tient au bien de l'humanité, au progrès des sciences utiles, & que ses produits servent à soulager nos freres malades & pauvres.

" 2. Parcequ'elle est une propriété nationale, & qu'en cette qualité elle appartient
à tous, & à personne en particulier.

" Citoyens, en conservant cette intéressante propriété, c'est vous mêmes que vous
servez : en conséquence vous êtes invités
à vous rendre surveillants les uns des autres, & à vous opposer à ce qu'il ne se
commette ici aucun dégât en votre présence."

L'effet d'une telle inscription, ou même
d'un simple ruban avec ces mots, *on ne passe
pas ici,* est plus puissant sur le peuple de Paris que les grandes grilles armées de pointes
de fer à l'entrée des parcs & des jardins des
princes & des nobles en Allemagne, ou les
poteaux chargés d'inscriptions qui menacent
de peine capitale ceux qui, par quelque at-
touchement, manqueront à la majesté du lieu.
Précaution avilissante, qui gâte la jouissance
même de l'homme raisonnable auquel on accorde le privilege de fouler cette terre privi-
légiée, en l'accompagnant de telles instructions *paternelles.*

OBSERVATOIRE ET BUREAU DES LONGITUDES.

La vue, du haut du toît en terrasse de l'observatoire placé à une des extrémités de Paris, qui domine cette ville immense & tous ses environs, est d'une étendue incommensurable & d'une grande beauté. Jusqu'à présent c'est ce qu'il y a de plus digne d'être vu à l'observatoire, dont l'arrangement intérieur est encore à faire. On y bâtit encore de grandes salles voûtées, & on conserve dans les dépôts-nationaux une grande provision d'instruments astronomiques, pour y établir un apparat complet. On avait projetté, pour l'observation des étoiles, de faire faire un grand télescope de soixante pieds de long, avec un grand miroir de six pieds, fondu en platine, pour lequel le chimiste *Janetti* préparait déjà ce métal. Les vieux instrumens qu'on employait anciennement sont peu importants ; ils sont dispersés çà & là, dans la poussière, & dans le plus grand désordre.

Les célèbres avenues souterraines de l'observatoire, ces fameuses carrieres, remarquables par leur profondeur, leur étendue, leurs couches fossiles & de coquillages, leurs stalactites, qu'on m'avait ouvertes sans difficultés il y a douze ans, étaient à présent fermées, & l'on ne pouvait pas y pénétrer sans une carte de mission très-expresse du ministre de l'intérieur.

D'après le rapport fait à la Convention le 7 Messidor de l'an trois, par l'actif & infatigable *Grégoire*, ce bâtiment & la ci-devant école militaire du champ de Mars ont été destinés pour la fondation du *Bureau des Longitudes*, & les nouvelles dispositions dans celui de l'observatoire sont adaptées à l'organisation de cet important Institut.

Les perfectionnement des tables & des cartes astronomiques & des méthodes pour fixer les longitudes marines, la rédaction des calculs du tems, la publication des observations astronomiques & météorologiques, la correspondance avec les observatoires Français étrangers, une instruction systématique & réglée de l'astronomie, sont les travaux les plus essentiels de ce nouvel établissement : on a assigné des fonds considérables pour son entretien, pour l'achat des instruments astronomiques & mathématiques & pour le traitement des professeurs. On y a placé pour professeurs les hommes suivants, dont les noms sont célebres : pour la géometrie, *La Grange* & *Laplace :* pour l'astronomie, *Lalande, Cassini, Mechain* & *Delambre :* pour la navigation, *Bougainville* & *Borda :* pour la géographie, *Buache :* pour le calcul des tems, *Caroché.* Outre ceux-là, le Bureau est encore formé de quatre astronomes adjoints.

ÉCOLES DU SERVICE PUBLIC.

Sous cette dénomination générale sont compris les nouveaux Instituts suivans.

Ecole Polytechnique.
Ecole des Mines.
Ecole d'Artillerie.
Ecole des Ingénieurs Militaires.

(79)

Ecole des Ponts & Chaussées.
Ecole des Géographes.
Ecole des Ingénieurs de Vaisseaux.
Ecole de Navigation.
Ecole de Marine.

Toutes ces écoles sont dépendantes de l'organisation générale de l'instruction publique, elles ont pour objet les différents travaux de l'état, travaux publics, & surtout une connaissance universelle des sciences & des arts. On ne recevra pour éleves que ceux qui auront fait au concours des preuves de connaissances préliminaires, ils seront entretenus aux frais de l'état. J'ai souvent fréquenté les deux premieres écoles, dont je vais donner quelques détails, & j'ai joui de leur établissement qui mérite d'être imité, je ne peux donner qu'un apperçu général sur les autres.

ÉCOLE POLYTECHNIQUE.

Le gouvernement actuel, dès les premiers mois de sa gestion s'est fondé à lui-même un beau monument par l'établissement de cette instruction universelle. L'école polytechnique occupe une grande partie du ci-devant Palais Bourbon. Là demeurent les directeurs, les instituteurs & même les éleves. Là sont les salles d'instruction, les laboratoires, les collections de livres, de modeles, d'instrumens & d'outils de tous les arts, qui appartiennent à cette école. Le but de cet établissement est l'avancement des sciences phisiques & mathématiques qui ont rapport aux sciences & métiers.

Voici un extrait de la constitution, dont je conserve l'original, de cet institut extrêmement important, d'une utilité générale, fondé avec une dépense peu considérable, projettée par le conseil polytechnique, présentée au Directoire Exécutif, le 30 Ventôse dans la quatrieme année de la République (20 Mars 1796) & sanctionnée par lui le même jour.

L'instruction se divise en deux parties principales, mathématique & physique.

1. La mathématique comprend la description analytique & graphique de la matiere, avec l'application de l'analyse par la géometrie & la méchanique. La géometrie descriptive, comme la premiere partie du développement graphique de la matiere, se divise en trois parties principales. La stéréotomie—les travaux civils—l'architecture militaire. La stéréotomie s'occupe des lois & des méthodes de la géometrie descriptive, appliquée à la coupe des pierres, à la charpenterie, aux ombres des corps, à la perspective, au nivellement & aux machines simples & complexes. Les travaux civils embrassent la construction & l'entretien des routes, des ponts, des canaux, des ports, le travail des mines, l'architecture, l'ordonnance des fêtes publiques. L'architecture militaire s'étend sur la disposition des postes fortifiés, des places, des lignes de frontieres, & sur leur attaque & défense. L'art du dessein, se

conde partie du développement graphique de la matiere, s'occupe de l'imitation de la bosse, du dessein d'après nature, avec les principes du goût par l'étude des ouvrages sur compo-sition.

2. La physique s'étend sur toutes les pro-ductions de la nature & les plus essentielles que donne la chymie. La physique générale développe les principales propriétés des corps, & les arts méchaniques qui en dérivent. Elle comprend la connaissance de la structure, de la force & du mouvemement de tous les ani-maux & de l'usage à en faire dans la mécha-nique—La physique particuliere, ou la chymie, dans ses différentes branches, a pour objet la matiere brute avec son application aux diffé-rents arts, sur tous ceux qui ont rapport aux travaux publics, les sels & les corps organi-sés dans les trois regnes de la nature.

L'instruction dans toutes ces connaissances est le résultat des expositions des instituteurs & des travaux particuliers des éleves. Elle occupe ensemble trois années.

Premiere année. La stéréométrie. Principes généraux de l'analyse appliqués à la géométrie. Premiers principes de la statique; Stéréotomie. Cours général de physique. Les premiers principes de la chymie, appliqués aux sels. Art du dessein.

Seconde année. Les travaux civils. Analyse de la méchanique appliquée aux corps solides & aux fluides. Travaux civils. Architecture, zootechnique. Principes de la purification de l'air. Le second objet de la chimie concernant l'organisation animale & végétale. Art du dessein.

Troisieme année. Architecture militaire. Application des analyses. Calcul de l'effet des machines. Fortification. Ports de mer & leurs bâtiments. Recherche des plus importans ouvrages de l'art de la méchanique & de la chymie. Le troisieme objet de la chymie concernant les productions minérales. Art du dessein.

Vient ensuite dans le plan la distribution des jours & des heures tant pour les leçons de l'instituteur, que pour l'étude particuliere des éleves. Je passe cet article.

Après le cours de trois ans, les éleves sont séparés en trois divisions dont chacune avance au cours de l'année suivante. Le tems où les éleves quittent l'école, la maniere dont ils sont remplacés par d'autres & la gradation de l'instruction, sont réglés par une ordonnance spéciale. Pour la commodité des exercices particuliers, les éleves sont de nouveau partagés en trois brigades, qui sous l'inspection d'un instituteur travaillent les uns après les autres dans les laboratoires chymiques.

L'Administration de l'institut est conduit par le directeur, les instituteurs, administrateurs, chefs de brigade, artistes & ouvriers des laboratoires, & autres personnes destinées à l'économie intérieure. La constitution prescrit à chacun la regle particuliere de son emploi *.

* L'excellent journal Allemand, intitulé LA FRANCE a donné avant moi la communication de la constitution originale de l'Institut. Par cette raison je ne place ici qu'un extrait de mon manuscrit, & je renvoye le lecteur à ce journal 1er cahier de 1797, où elle se trouve toute entiere.
Note de l'Auteur.

Le Conseil de l'Institut consiste dans le directeur, les instituteurs, leurs adjoints, les administrateurs & un secrétaire. Ce conseil ordonne l'instruction, le tems, le choix des travaux, la préparation des instruments & des modeles ; il projette les rapports pour le perfectionnement de l'Institut. Il dirige la police en premiere instance, il destine les dépenses annuelles, & en présente l'état au ministre de l'intérieur. Le Directoire Exécutif nomme le directeur. Le conseil nomme les administrateurs, sur la proposition des membres dont dépendent les places vacantes. Les jours d'assemblée & la forme des délibérations du conseil sont aussi prescrits dans le plan.

L'Institut publie tous les mois son *journal polytechnique*, dans lequel il rend compte des progrès de l'instruction & des travaux des instituteurs, des éleves & autres collaborateurs. C'est le secrétaire du conseil qui en rassemble les matériaux.

A la fin de l'année le directeur rend compte au ministre de l'intérieur de la dépense, &

propose les fonds pour l'année suivante. Il lui remet en même tems un apperçu de l'état & des travaux de l'Institut.

Telles sont les bases sur lesquelles porte cet excellent & grand établissement. Le nombre fixé des éleves est de trois cent soixante. Jeunesse, espoir de la France ! Ils sont admis d'après des épreuves, & ils ne sont pas reçus au dessous de seize ans, ni au dessus de vingt.

Cet établissement est la pépiniere de l'artillerie & des ingénieurs de terre & de mer. Quiconque veut y entrer doit, d'après un décret du Directoire du 6 Prairial (25 May) être présenté à l'école polytechnique, & examiné. Il en est de même pour ceux qui veulent être employés dans les ponts & chaussées, la construction des vaisseaux & la direction des mines. Les jeunes gens trouvés capables, après avoir passé par la gradatio des écoles, & avoir completé leur cours, entrent dans les places vacantes dans ces différens départements, & dans l'espece à laquelle ils se sont particulierement destinés.

Le grand luxe, & on pourrait dire le luxe excentrique, avec lequel le Directoire, par une prédilection particuliere & bien juste, entretient cette nouvelle fondation, me paraît dangereux pour la durée de l'Institut. Il s'est déjà élevé de plusieurs côtés des plaintes contre les dépenses excessives & inutiles, le gouvernement a même déjà commencé à retrancher des superfluités. De cette espece sont surtout les vingt-quatre laboratoires destinés aux travaux particuliers des éleves, dans lesquels de fortes sommes se dissipaient en fumée, sans une utilité essentielle, avant que ces jeunes gens eussent acquis un degré de connaissance assez solide pour tirer un grand profit de ces coûteuses expériences. Ces laboratoires ont été réduits à huit, ce qui a déjà produit une épargne considérable.

L'apparat des instruments de physique est riche, & ces instruments sont parfaitement travaillés. Une rareté remarquable de cette collection, c'est que ce sont les propres instruments qui ont servi aux grandes découvertes de *Lavoisier*, *Coulon* & autres, qui font époque dans la physique. Réliques précieuses des sciences & de ces grandes hommes ! On peut estimer également les collections des modeles, des moules en plâtre, & des desseins, qui étaient alors exposés dans de grandes salles bien décorées pour l'instruction des éleves. L'arrangement systématique des modeles était disposé d'après une gradation chronologique depuis la premiere invention la plus grossiere des machines jusqu'au dernier dégré de leur perfectionnement. Le grand auditoire est un amphithéâtre qui peut contenir plus de quinze cents auditeurs. Tout le monde peut y assister librement aux séances publiques. J'y ai entendu une lecture du fameux *Hassenfratz* sur la physique expérimentale devant une assemblée d'au moins douze cent personnes.

Voici les noms & le rang des instituteurs & de leurs adjoints, d'après le plan pour le cours de trois ans.

(89)

Premiere Année.

Géométrie—*Monge, Hachette.*
Chymie—*Fourcroy, Vauquelin.*
Physique—*Hassenfratz, Barnel.*

Seconde Année.

Ponts & chaussées —*Lambardie, Griffet.*
Architecture & décoration—*Battard, Durand,*
    Gaucher.
Méchanique—*Prosny, Fourier.*
Chymie—*Bertholet, Chaussier.*

Troisieme Année.

Fortification—*Catonare, Say.*
Méchanique—*Prosny, Fourier.*
Chymie—*Guiton-Morveau, Pelletier.*
Art du dessein pour les trois ans—*Neveu,*
    Merimée, Genou.
Mathématique, pour les trois ans—*La Grange.*

Le nom barbare, & si malheureusement fameux par la Révolution, *d'Hassenfratz*, se
trouve sur la liste des instituteurs : il doit se
trouver très-heureux qu'on ait observé à son
égard les principes de l'amnistie générale :
" *Grace à tous les pêcheurs ; il ne doit plus exis-
ter d'enfer :*" sans quoi malheur à sa tête
coupable ! Quand même on. voudrait regarder
en arriere les crimes qu'il a amoncelés sous
Robespierre, on ne peut pas lui refuser beaucoup de mérite comme savant. C'est un des
plus zélés collaborateurs de l'école polytechnique, & la plus grande partie du plan de son
institut est son ouvrage. Ses confreres font
cas de lui comme d'un homme qui a des connaissances très-étendues en physique : mais
tous se refusent à se trouver en société particuliere avec lui, & le, *hic niger est*, est toujours attaché à son nom flétri.

Lorsque la conjuration de Drouet éclata, &
qu'il en résulta l'exil de Paris, non seulement
des étrangers, mais surtout de tous les révolutionnaires qui sous *Robespierre* avaient joué
un rôle actif dans le systéme de la terreur, *Has-*

senfratz fut obligé de se sauver de Paris. Mais le gouvernement, par égard pour les services qu'il avait rendus à l'école de polytechnique, pallia son *hégire*, en lui donnant une mission littéraire dans les montagnes de Savoye, d'où il revint après quelque tems d'éclipse. Son extérieur sale & hérissé porte l'empreinte de l'odieuse existence qu'il avait alors. A tout autre égard c'est un homme intéressant & rare. Il était menuisier, & sans le secours d'aucune instruction étrangere, avec son seul génie, il est devenu très-savant & même inventeur dans la science à laquelle il s'est particulierement appliqué. Sa maniere de débiter dans ses lectures publiques est un torrent qui entraîne, & ce n'est qu'avec beaucoup de peines & d'efforts qu'on peut suivre la volubilité de son énonciation & l'abondance de ses idées, au travers desquelles, sans perdre le fil, il se permet beaucoup de divagations étrangeres. Son organe balbutiant, au travers duquel des mots à moitié prononcés, se barbouillent, se perdent, se heurtent, se croisent, occasionne un sentiment pénible à l'auditeur qui n'y est pas accoutumé. Par le défaut d'une éducation classique, le désordre regne dans ses expositions, & l'embrouillement des idées, qui s'accumulent dans cette tête de feu avec la rapidité de l'éclair, diminue l'utilité de ses leçons.

ÉCOLE DES MINES.

Après l'école polytechnique, celle des mines est un des plus remarquables Instituts nouvellement organisés. Elle a été fondée par le comité de salut public par la loi du 13 & 18 Messidor, an 2 (Juillet 1794) ; mais elle a été réformée de tous points & entierement ré-organisée par une nouvelle ordonnance du Directoire du 30 Vendémiaire, an 4 (24 Octobre 1795). Son objet est la connaissance souterraine de la République par rapport à ses produits minéraux, la disposition & l'amélioration du travail des mines & des différentes professions pour la récolte & le travail des minéraux utiles à différents usages pour procurer à la nation tous les avantages qu'elle peut espérer & retirer de son sol.

Pour les travaux de cet Institut on a fixé un nombre d'agents, d'inspecteurs, d'ingénieurs & d'éleves, il est dirigé par un conseil établi à Paris. L'ensemble de son établissement embrasse les dispositions suivantes.

1. Une école pratique pour l'instruction de la fouille & de la mise en œuvre des substances minérales, établie dans le voisinage d'une mine déjà exploitée avec avantage.

. 2. Un cours public & gratuit de la fouille des mines.

3. Une collection de produits minéraux, rangée dans un ordre systématique, composée surtout des minéraux indigenes, outre les especes étrangeres.

4. Un laboratoire & une collection de produits chymiques dirigée par un chymiste comme inspecteur & manipulateur.

5. Une collection de livres concernant la métallurgie, dockimasie, minéralogie & lithologie, inspectée par un bibliothécaire, habile aussi dans les langues étrangeres.

6. Une collection de cartes & de desseins des mines & fossiles.

7. Une collection de modeles de fourneaux & de tous les instruments employés à la fouille des mines.

8. Une archive de manuscrits de mémoires minéralogico-historiques.

La direction qui gouverne cet Institut, dit le conseil des mines, est composé de trois membres. Elle tient la correspondance avec les différens directeurs des mines de la République, elle veille sur les fouilles & dirige l'emploi des différens minéraux ; elle rend compte au gouvernement de l'état & des progrès de l'école, ainsi que de celui des mines ; elle publie tous les mois un journal des mines dans lequel elle rend compte aussi au public de ces matieres.

Huit inspecteurs & douze ingénieurs sont attachés à cette école. Vingt-cinq jeunes éleves y sont entretenus aux frais de l'état, & sont reçus après un examen. Huit mois de l'année depuis le 1 Ventôse jusqu'au 30 Vendémiaire (du 20 Mars au 22 Octobre) les

éleves se partagent avec les inspecteurs & les
ingénieurs pour faire des voyages minéralogi-
ques dans tous le territoire de la République,
divisé en huit départements souterrains. Dans
ces voyages on visite & on éprouve toutes les
fonderies, on enseigne aux éleves tous les
travaux, on donne des conseils & des encouragements aux propriétaires pour la découverte des nouvelles mines & pour leur exploitation, on rassemble des collections minérales,
on leve des cartes, on fait les desseins des
fourneaux & de toutes les autres machines,
on décrit les procédés de la fouille, on tient
un journal des recherches, des découvertes &
des expériences. Après le voyage on tient
des conférences sur tous ces objets dans des
séances du conseil des mines.

L'instruction théorétique dans l'école de
Paris comprend les quatre expositions sur la
minéralogie, la géographie physique, sur la
métallurgie, la dokimasie & la fouille des
mines. Après un examen au concours une
partie des éleves est choisie pour aller résider

dans les mines, où elle reçoit l'instruction pratique.

Tous les ans on choisit deux éleves qui montent au grade d'ingénieurs surnuméraires avec cinq cent francs d'appointements, qui avancent aux places vacantes dans l'Institut, & sont remplacés par des éleves de l'école polytechnique. Dix éleves externes sont admis dans l'école à leurs propres frais. Deux professeurs sont destinés pour l'école pratique des mines, les autres enseignent la dokimasie & la métallurgie. Ils ont pour adjoints deux ingénieurs des mines. L'école sera placée à *Sainte Marie aux Mines*, dans le département du Haut-Rhin.

Voici quels étaient les instituteurs dans l'école théorétique de Paris.

Haüy, pour la minéralogie en même tems inspecteur de la collection des minéraux.

Vauquelin, pour la dokimasie, en même tems inspecteur & manipulateur dans le laboratoire.

Lomet, pour la géometrie.

Dolomieu, pour le gissement des minéraux.

Clouet, Bibliothéquaire & professeur de la langue Allemande.

Coquebert, pour la Géographie concernant les Mines.

J'ai assisté plusieurs fois aux leçons du ci-devant Commandeur de Malthe *Dolomieu* sur les productions volcaniques, & j'ai admiré son grand talent comme excellent écrivain & comme savant déjà très-connu. Je n'oublierai jamais les liaisons que j'ai eues avec cet homme de mérite. Le changement subit, qui l'a fait passer d'une brillante fortune à une position extrêmement étroite, n'a produit aucun effet sur l'inaltérable sérénité de son ame & sur son infatigable activité. Il est toujours passionné pour la science à laquelle il s'est donné tout entier, il est toujours le plus pénétrant observateur dans tous ses voyages qu'il fait toujours à pied, ayant accoutumé son corps endurci à supporter toutes les saisons & tous les genres de fatigues. Je l'ai vu au mois de Juin se mettre en route pour aller visiter les montagnes de Savoye, & s'il était possible escalader le

ToME II.   H

Mont Blanc, ce projet était déjà la plus grande jouissance de son imagination. Il avait envoyé en pays étranger sa collection considérable de minéraux rassemblés en Italie & en Sicile, qui a peu d'égales en beauté & en complément, lorsque les destructeurs menaçaient d'anéantir tout ce qui tenait aux arts, & mettaient sa vie même en danger comme ci-devant noble & chevalier de Malthe.

Un nouvel ouvrage de *Dolomieu*, intitulé *Lithologie Ancienne*, très-important pour la minéralogie & pour la connaissance de l'antiquité, était alors presqu'entierement achevé. Les especes de pierres dont les anciens se servaient pour leurs ouvrages en tout genre y sont décrites & comparées avec les procédés employés depuis jusqu'à nos jours. *Dolomieu*, qui pendant son long séjour en Italie, a principalement étudié cette partie intéressante, par ses grandes connaissances lithologiques, est devenu un juge compétent pour décider sur beaucoup d'hypotheses des antiquaires, sur la classification des statues antiques & sur l'époque de l'âge de leur composition. Comme tel, il en dépouillera plusieurs du voile de l'antiquité, il rectifiera les décisions pédantes & les rêveries extravagantes de plusieurs brocanteurs d'antiques, & il donnera peut-être d'heureux éclaircissements aux doutes nombreux des Archéologues les plus profondes.

DES ÉCOLES DE SERVICES PUBLICS

Dépendent encore les Instituts suivants, ou nouvellement fondés, ou nouvellement organisés.

Les Ecoles des neuf régiments d'artillerie, *Ecoles d'Artillerie*, sous la direction du Ministre de la Guerre. Elles sont placées à la garnison des neuf régiments, à *La Fere, Befançon, Grenoble, Metz, Strasbourg, Douai, Auxonne, Toulouse,* et *Rennes,* mais elles ne sont pas encore toutes organisées. Pour être reçus dans ses écoles, les jeunes gens sont soumis à un examen sur les connaissances préliminaires, & les sciences auxiliaires de cet art, & on exige d'eux préliminairement un cours d'au moins deux ans dans l'Ecole Polytechnique de Paris ; après quoi on acheve de les former pour en faire des officiers d'artillerie. On les inftruit sur les arts qui ont rapport à la fabrication des ouvrages & à tous les dét ils militaires & les exercices qui concernent l'artillerie. Les profeffeurs demeurent dans les instituts, & chaque école est sous les ordres d'un commandant ou chef de brigade d'artillerie.

L'Ecole des Ingénieurs Militaires à Metz, sous la direction du Ministre de la Guerre. L'examen des jeunes gens pour y être reçus a lieu tous les ans à Paris en Frimaire, d'où ils se rendent à Metz. Leur nombre est fixé à vingt. Leur occupation dans l'école polytechnique & l'objet essentiel de leur instruction portent sur les connaissances théorétiques, construction de tous les genres d'ouvrages de fortification, les mines, les contremines, les dispositions de l'attaque & de la défense des places, le dessin des plans, & tous les détails du service des ingénieurs dans les places & dans les armées. Les éleves ont à Metz le rang & la solde de sous-lieutenans.

L'École des Ponts & Chaussées, sous la direction du Ministre de l'Intérieur. Le nombre
des éleves, fixé à trente, est tiré de l'Ecole
Polytechnique. Une collection de modeles
qui ont rapport à la construction des grands
chemins, des ponts, canaux & ports de mer
est attachée à cette école. L'instruction embrasse l'application de tous les principes physiques & mathématiques qui appartiennent
aux projets & à la construction de tous les travaux de ce genre, ainsi qu'aux évaluations &
calculs de ces ouvrages.

L'Ecole des Géographes, sous l'autorité du
Ministre de l'Intérieur. Elle consiste en
vingt éleves tirés de l'Ecole Polytechnique.
Leur examen roule sur leurs connaissances
préliminaires sur les mathématiques & sur
leur application, & surtout sur l'aftronomie
géométrique, la trigonométrie, l'art de lever
les cartes. Leur application principale dans
cette école porte sur les opérations géographiques & topographiques, & sur les calculs
nécessaires pour leur exécution. L'instruction se divise en deux parties, les opérations

sur le terrain & le travail de cabinet. A la premiere appartiennent les mesures géométriques, la levée du terrein & les observations aftronomiques. A la seconde, toutes les conclusions, descriptions, dessein des cartes, calculs trigonométriques. Le Géographe *Prony* est à la tête de cet institut.

L'Ecole des Ingénieurs de Vaisseaux. Sous cette dénomination a été conservée l'ancienne *Ecole des Ingénieurs Conſtruĉteurs*, nouvellement organisée. Les éleves doivent avoir été instruits au moins un an dans l'Ecole Polytechnique. Leur choix dépend de leurs progrès dans les principes de la géométrie déscriptive, de la méchanique & des autres travaux qui font la base de l'instruĉtion de la premiere année de cette école. On perfectionne dans l'école des ingénieurs de vaisseaux, leur instruction sur la construĉtion des vaisseaux de guerre & marchands. Le marin *Borda* en a la direĉtion : les éleves ont par an un traitement de quinze cent francs.

L'Ecole de Navigation, sous la direĉtion du ministre de Marine. Les deux écoles hydrographique & mathématique, destinées pour la marine, militaire & marchande, ont été réunies en une seule. Il exifte encore deux autres écoles pour la marine marchande, l'une à Arles & l'autre à Morlaix.

Les Ecoles de Marine, à Brest, Toulon, & Rochefort, sous l'autorité du Ministre de la Marine. Les éleves sont reçus dans cette école après un examen préalable sur l'arithmétique, l'algebre, la géométrie, la statique & la navigation. Dans chacun des trois ports on équippe tous les ans une corvette, qui sort souvent, court le long de la côte, est désarmée & ré-armée. Tout ce qui regarde l'armement, la conduite des vaisseaux & les manœuvres navales militaires est l'objet d'instruction de cette excellente école. Mais il paraît que pendant l'état actuel de la République, elle n'est pas encore en activité, quelque besoin que la marine Française ait d'une telle instruction.

Outre ces *Ecoles de Services Publics*, il en exifte encore beaucoup d'autres nouvellement instituées, parmi lesquelles les écoles d'architecture & de dessin fondées depuis trente ans, sont en pleine activité.

ÉCOLE DE SANTÉ.

L'institut connu depuis long-tems sous le nom *d'Ecole de Chirurgie*, existe à présent, d'après une institution nouvelle améliorée & plus complette sous la dénomination *d'Ecole de Santé*, dans le superbe bâtiment élevé dans la rue des *Cordéliers* sur le plan de *Gondouin*. D'après un décret de la Convention Nationale du 14 Frimaire, an 3, vingt neuf instituteurs sont attachés à cette école. L'instruction embrasse toutes les branches de la médecine et de la chirurgie. Les leçons pratiques & théorétiques qui se tiennent dans le beau théâtre anatomique & dans les autres salles de ce superbe bâtiment sont fort courues. Le 19 Floréal (8 Mai) j'ai entendu sur le théâtre anatomique, *Fourcroy* terminer son cours sur la chymie médicinale. Cet amphithéâtre oc-cupé par plus de douze cents auditeurs pré-

sentait un coup d'œil imposant. La Bibliotheque était déjà de quinze mille volumes :
On s'occupait beaucoup des collections de
préparats anatomiques, & pour la completter
la commission de l'instruction publique avait
commandé au fameux artiste en cire de *Rouen,
Laumonier*, une collection complette de modeles anatomiques.

Cet institut a en dépôt les archives de la
ci-devant *Société de Medécine*, & il annonce
devoir livrer bientôt, comme continuation de
l'Histoire & Mémoires de la Société de Médecine,
les manuscrits non-imprimés de la Faculté de
médecine supprimée.

ÉCOLES CENTRALES.

On a commencé l'été de l'an 4, à s'occuper
à Paris de l'éducation publique des enfans, si
négligée jusqu'alors. Le 1er Prairial (20 Mai)
j'étais présent à Paris à l'ouverture solemnelle de
l'Ecole Centrale, dans le ci-devant college *Mazarin, ou des Quatre Nations*. Un jury de la

commission de l'inftitution publique y préfi-
dait. L'exministre *Garat*, excellent orateur,
Fontanes, membre de cet institut, le Président du département de la Seine, parlerent
devant une assemblée considérable de députés de départements & d'instituts.

Garat parla des obstacles qui, avant la Révolution, s'opposaient aux progrès de l'esprit
humain, & même à ceux que l'instruction
publique rencontrait encore, & de la néces-
sité de donner une meilleure éducation à la
jeunesse de la République.

Fontanes peignit la situation de la France,
surtout sous le point de vue littéraire. " Elle
réunit, dit-il, les beaux arts d'Athenes, le
courage des Romains, l'activité des Cartha-
ginois, & par cette triple union elle jouit
d'une existence politique, civile & littéraire,
qui éleve la République Française au rang
des premiers Etats.

Les deux écoles centrales ouvertes dans les
College Mazarin & à *Ste. Genevieve* sont divi-
sées en trois classes, dans lesquelles on reçoit
les enfans de douze, quatorze & seize ans.

Les langues anciennes, l'histoire, l'histoire naturelle, les mathématiques, la physique & la
chymie, l'étude de la langue Française, les sciences & les beaux arts & la science de la législa-
lation, sont les objets de l'instrution. Je cherche en vain dans cette liste un professeur de
morale, en vain des leçons pour former aux
vertus civiques & domestiques ! Comment
cette partie la plus importante de l'éducation
est-elle oubliée, rejettée, exclue ? Comment
n'a-t-on pas considéré, que l'homme existe
avant le savant, que le bon citoyen, le pere de
famille sont le plus puissant appui de l'Etat ?
Qui peut me faire trouver le mieux dans ce
nouveau plan d'éducation ?

INSTITUT AÉROSTATIQUE.

Jamais l'esprit d'invention n'a été plus en
mouvement en France ; jamais l'ambition de
perfectionner les anciennes découvertes & d'en
trouver de nouvelles pour l'utilité de la patrie, n'a été plus exercée que depuis la Ré-

volution & à Paris, le rendez-vous de toutes
les bonnes têtes de la France. L'invention
de la nouvelle préparation du salpêtre *, &
du *Télégraphe* & le perfectionnement de
l'Aéronautique, en sont d'éclatantes preuves.

Cette derniere invention, que d'abord on
ne regardait dans les pays étrangers que
comme une danse en l'air, dont on se mo-
quait comme d'une charlatanerie scientifi-
que, dont en fouillant dans la poussiere des
tems passés, on cherchait même à enlever
aux Français le mérite de la découverte,
cette invention de l'Aéronautique, qu'on regardait à la vérité comme une expérience de

---

* Je n'ai pas pu me procurer des détails précis sur cette
nouvelle invention des Français. Elle est connue en général. On sçait combien elle leur est utile pour la guerre.
Deux des plus grandes fabriques de salpêtre de Paris, entre
plusieurs autres, tire de la terre des cimetieres & des vieux
bâtiments, imprégnés de salpêtre, & livre chaque Décade
la quantité énorme de trente mille livres de salpêtre pur.
On a cédé à l'une de ces fabriques l'emplacement d'une
grande église, j'ai laissé échapper l'occasion de la voir.

Note de l'Auteur.

phyſique très-curieuse, mais en même tems
comme très-inutile, a cependant prouvé dans
cette guerre de grands avantages, qui ne peuvent être déprisés que par un amour propre
puéril, ou contefté que par des aveugles.
Toutes les armées ennemies en sont les témoins,
& la bataille de *Fleurus* a été gagnée. Même
la premiere découverte du vaisseau aérien,
tant disputée aux Français par les investiga-
teurs les plus pédantesques de l'antiquité,
leur peut être indifférente ; car le plus grand
honneur est d'avoir su s'en servir utilement en
présence de grandes armées ennemies, qui
ſans chercher à se donner le même avantage
qu'ils méconnaissaient, se contentaient pour
mettre fin à ce phénomene de faire tirer par
leurs canonniers des boulets *inutiles* contre ces
aréonautes qui les observaient de leur ballon.

L'Impossibilité de donner une direction au
vaisseau aérien, ce reproche mille fois répété par la jalousie, est sans contredit fondée,
& les physiciens, qui s'occupent le plus efficacement du perfectionnement de cette in-

vention ont depuis longtems réconnu eux-mêmes cette difficulté : mais ils n'ont pas besoin de ce point de perfection pour leur objet, & ils ne sont pas assez foux pour perdre leur tems à cette recherche. L'utilité de l'aréonautique, outre les cas de guerre, offre encore un champ assez vaste & assez beau pour l'étude de la nature, pour que ceux qui l'ont inventée, ou perfectionnée se reposent sur leurs lauriers, & laissent à leurs clairvoyans détracteurs étrangers le soin de deviner la direction du ballon.

L'institut aérostatique, fondé par le Comité du Salut Public, & enveloppé du plus profond secret à Meudon, auquel on avait joint un camp d'exercice pour l'artillerie, est regardé encore à présent comme une disposition secrete de la république, pour laquelle on prend de grandes précautions. L'éntrée en est fermée au public & aux étrangers, & j'ai l'obligation des fréquentes visites que j'ai faites dans ce très-intéressant institut, à la bienveillante entremise de plusieurs membres de l'institut national, & surtout du célebre physicien *Le Roy*, qui a introduit le premier la théorie de Franklin sur l'électricité. J'en suis redevable aussi à l'hospitalité de de l'excellent *Conté*, inspecteur de l'école de Meudon, qui m'a accueilli chaque fois avec une bonté prévenante, & qui m'a montré & expliqué sans mystere & avec franchise les importantes améliorations faites par lui, ou par d'autres physiciens.

Aucune situation ne pouvait être plus propre à l'établissement de l'institut aérostatique que le château royal de Meudon. De sa montagne il domine la vue étendue & superbe d'une plaine couverte de villages & de champs cultivés, coupée par la Seine & terminée par la ville de Paris.

Le perfectionnement & l'usage raisonnable de l'aéronautique est l'objet des travaux de cet établissement, auxquels surtout le célebre physicien *Guiton-Morveau* a rendu les plus grands services. Mais il fallait à cet institut pour directeur un homme comme *Conté* que *Guiton-Morveau* y a fait placer. Il joint à l'amour de cette science, un esprit péné-

trant de recherche & d'invention, & une application infatigable. Il avait alors perdu un
œil par la maladresse d'un de ses éleves, mais
cela ne l'empêchait pas, malgré la douleur de
sa blessure & avec la tête bandée, de continuer son ouvrage avec la même activité.

Le corps des aréonautes, placé dans les armées de la République, composé de cinquante
jeunes gens audacieux, est dressé à l'école de
Meudon : On y apprête les ballons qui par-
tent pour les armées, & tous les jours pendant l'été on fait tantôt des exercices, tantôt
des recherches physiques avec un ballon
qu'on tient toujours rempli.

L'amélioration de la disposition du ballon,
la découverte d'une nouvelle maniere de le
remplir avec l'air inflammable de la matiere de
l'eau (gaz hydrogene) trouvé par *Lavoisier*,
l'invention liée avec le ballon d'un nouveau
Télégraphe, sont les principaux progrès qu'à
faits à Meudon l'aérostatique sous la direction
de *Conté*.

Le vieux château de Meudon sert d'attelier
pour la préparation des ballons & de tout

l'attirail nécessaire pour les conduire aux armées. Dans le nouveau château est l'institut, l'habitation des éleves, du directeur & de sa famille. C'est là qu'on a préparé *l'Entreprenant*, pour l'armée du Nord avec lequel on fit les reconnaissances contre l'armée ennemie à Fleurus, le *Céleste* pour l'armée de Sambre & Meuse, *l'Hercule* & *l'Intrepide* pour l'armée de Rhin & Moselle. J'ai vu aussi dans la grande salle du château un ballon tout prêt, rempli d'air atmosphérique, destiné pour l'armée d'Italie, & qui devait partir sous peu de jours. Il était de forme sphérique, de trente pieds de circonférence, & pesait cent soixante livres. Le taffetas pour les ballons se fabrique à Lyon, il est très-épais & très-solide. Les fils & la trame de cette étoffe sont de même nombre & de même force, & la couture de ces bandes rassemblées est faite avec le plus grand soin. *Conté* a beaucoup augmenté la durée du ballon par la précaution d'enduire seulement la surface extérieure d'un vernis. Ce vernis est d'une qualité excellente. Il endurcit suffisamment le côté extérieur, & il ne se colle pas quand le ballon est plié. Au reste l'expérience a démontré que l'enduit de vernis sur la surface intérieure ne peut pas supporter le remplissage du ballon, est mangé par le gaz, qu'en conséquence le taffetas est attaqué des côtés par ce frottement, & devient flasque.

Le remplissage du ballon avec le *gaz hydrogene* appartient à la succession des découvertes du grand *Lavoisier*, & a pour base son importante expérience de la décomposition de l'eau. C'est ainsi que l'efprit de ces hommes méritans, qui se sont élevés jusqu'à devenir inventeurs, survit à eux-mêmes par la jouissance de leurs découvertes importantes pour la postérité, qui assure l'immortalité à leur nom. La rage destructrice du fer de Robespierre, qui n'a pas regardé comme sacrée la vie d'un *Lavoisier*, d'un *Bailly*, qui menaçait d'anéantir tout ce qui tenait aux sciences n'avait aucune force contre ce palladium du génie.

L'air inflammable employé pour remplir

les ballons est apprêté de la maniere suivante, qui est simple & peu coûteuse *.

Six cylindres, ou même plus, ou tuyaux de fer, semblables à des *ames* de canons, sont maçonnés ensemble dessus & à côté les uns des autres dans un fourneau qui peut se construire en douze heures, de maniere que les deux bouts du cylindre sortent du fourneau. Les deux ouvertures de ces cylindres sont garnies de forts couvercles de fer. On y introduit des tuyaux de métal. L'un de ces tuyaux sert à conduire l'eau déjà chauffée' davance dans les cylindres devenus rouges, & l'autre tuyau est destiné à conduire l'air, qui se présente le premier, au travers d'un reservoir rempli d'une lessive caustique, &

* Je dois la communication de cette maniere de remplir les ballons, dont j'abrege les détails, à mon estimable ami, M. *Schmeisser*, excellent chymiste de Hambourg, & considéré comme tel par les plus habiles chymistes de Paris. J'ai été une seule fois à Meudon avec lui. Sa pénétration dans ce qui concerne son art saisit aussitôt les explications qui nous furent données amicalement] par *Conté*, & il me communiqua avec plaisir les résultats.

Note de l'Auteur.

I 2

à le pousser dans le ballon. Les cylindres sont en partie remplis d'une limaille de fer grossiere, qu'on se procure chez les foreurs de canons. L'excessive chaleur du fourneau, entretenue pendant toute l'opération par du charbon de pierre, la met en excandescence. Alors on ouvre la soupape d'un des tuyaux de chaque cylindre, & on laisse couler l'eau bouillante d'avance, en médiocre quantité, dans le cylindre rouge. Dès que la vapeur de l'eau touche le fer enflammé, les deux substances qui composent la matiere de l'eau se séparent : l'une (l'oxygene) s'attache avec le fer & le calcine ; on le trouve après l'opération en partie crystallisé, comme les produ&tions volcaniques : la seconde subftance de l'eau (l'hydrogene) se combine avec une quantité de substance ignée, que l'on nomme la *calorique*, & devient l'air inflammable *(gaz hydrogene)* qui reste dans un état permanent de fluidité élastique, & pese sept ou huit fois moins que l'air atmosphérique.

Comme l'eau renferme un peu de substance du charbon *(carbonique)* qui rendrait l'air du ballon pesant, on fait passer l'air qui se présente d'abord, au travers d'un réservoir d'eau dans lequel on a dissous un alcali caustique. Ce fluide attire à soi tout le carbonique, & il ne monte dans le ballon que l'air inflammable très-épuré. On a trouvé quelque fois dans cette opération que les cylindres enflammés jusqu'à l'excandescence se mettaient en fusion. Pour éviter cet accident, on a adapté au bout du cylindre qui sort du fourneau un pyrometre garni d'une échelle, sur laquelle au moyen d'une verge de fer les degrés de la rarefaction de l'air sont marqués. Un point de cette échelle annonce l'inſtant où les cylindres enflammés sont au degré le plus proche de la fusion, alors on diminue le feu. L'opération de remplir un ballon de trente pieds de diametre dure le tiers d'une journée.

Dans mes fréquentes visites à Meudon j'ai vu le ballon d'exercice rempli & préparé. Il était de forme sphérique de trente deux pieds de diametre. Sa moitié supérieure était couverte d'une enveloppe ou manteau de toile pour préserver de la pluie le ballon & son filet.

Ce filet tissu de fortes cordes enveloppe sous le manteau de toile la partie supérieure du ballon, il est destiné à supporter la nacelle des aéronautes. Le ballon, toujours plein, prêt à monter, exposé à tout tems, en plein air, se soutenait en l'air, attaché sur la grande terrasse du château. Dès que le tems était favorable, on commençait les exercices aéronautiques. On délivrait le ballon de ses liens, on l'élevait à une certaine hauteur, on attachait la gondole aux cordes qui pendaient du filet, le tout en cinq minutes. Un colonel monte dans la gondole avec un des éleves, & le ballon s'éleve ordinairement de quatre-vingt jusqu'à cent vingt brasses. Les éleves se partagent en plusieurs divisions pour au moyen de trois cordes principales attachées au filet, qui s'embranchent avec plusieurs autres cordes, retenir le ballon en l'air, le faire monter & descendre ; ils employent pour ces manœuvres le secours d'un cabestan. Lorsque le ballon est nouvellement rempli, qu'il n'a encore subi aucune évaporation, qu'il est dans toute sa force, il faut vingt personnes pour le retenir. Je l'a i vu dans cet état à ma premiere

visite, & alors il portait huit cent pesant.
Lorsque je le revis pour la seconde fois deux
grands mois après, on n'avait point renouvellé
son remplissage, il était fort évaporé.   Le ballon portait encore deux personnes avec leurs
instruments pour les expériences & un lest
considérable à la même élévation en l'air, mais
dix personnes suffisaient pour le retenir, & la
partie inférieure de sa sphere était très-déten-
due.   La gondole faite d'un léger treillage de
bois, garnie en dedans d'un cuir apprêté, est
suspendue à environ seize pieds de haut sous
le ballon, & elle a commodément place pour
deux personnes assises l'une vis-à-vis de l'autre,
avec leurs instruments pour les observations.

Le Ballon monte autant de fois en un jour
que l'exige l'ordre des observations que l'on
doit faire, mais seulement par un tems serein
& calme ; dès qu'il survient quelqu'accident
imprévu, en cinq minutes il est redescendu.
Dans les forts coups de vent qui s'élevent tout
à coup, il y a toujours quelque danger pour
les Aéronautes.   Le ballon retenu par les cordes ne peut pas s'élever librement, & ses vi-

brations & son balancement le font ressem-
bler à un cerf-volant avant qu'il ait atteint
une certaine hauteur. Cependant ce spectacle
est plus effrayant pour le spectateur que pour
le navigateur aérien, qui dans sa gondole, que
son propre poids retient toujours dans une position perpendiculaire sous le ballon, n'en
éprouve que faiblement le balancement. Il
n'y a eu à Meudon aucun exemple d'accident
malheureux.

Toute crainte & toute idée de danger s'éva-
nouit, lorsqu'on examine la solidité de tout
cet appareil, les précautions établies avec la
plus grande prévoyance & la plus grande sûreté, & surtout lorsqu'on connaît particulierement la tranquillité sans prétention du Directeur *Conté*. La vue de ces expériences
entraîne malgré soi au désir le plus ardent de
les partager, de monter dans les plus hautes
régions de l'air, & de voir disparaître sous soi
les demeures terrestres.

Conté voulut satisfaire nos désirs, & nous in-
vita à un voyage aérien. Le jour fut fixé au
27 Prairial (15 Juin). Mon ami *Schmeisser*

qui était venu avec moi dans la même intention monta le premier, mais à peine eut-il atteint la hauteur du château qu'il fut accueilli
d'un coup de vent violent, si rudement secoué,
& balancé d'un côté à l'autre, que *Conté*, pour
épargner la terreur à ce novice aéronaute, or-
donna de redescendre le ballon. Cependant
au milieu de toutes ces vibrations mon ami
n'avait éprouvé qu'un petit mal de cœur pareil à celui que peut occasioner l'escarpolette.
Cependant mon désir de faire un voyage
aérien diminua insensiblement à la vue de ce
ballon saccadé d'un côté à l'autre par la violence du vent, et du bruit de la partie inférieure dont l'air inflammable était évaporé.
On détacha la gondole, & le ballon fut mis ce
jour-là en état de repos.

Quand la paix donnera plus de loisir & fa-
vorisera l'emploi de cet appareil à d'autres expériences qu'à celles qui regardent le service
militaire, on doit s'attendre à en tirer une utilité
plus grande & plus variée pour la science physique. Alors les expériences seront conduites
sous la direction d'un comité de physiciens de

l'institut national, pour faire des découvertes physiques, météorologiques & autres. Lorsque les travaux de l'institut aérostatique auront atteint un but aussi important pour les arts & d'une utilité aussi générale, on imprimera les détails de l'établissement de l'institut & du cours des expériences; jusqu'à présent le public n'en sait rien.

La plus nouvelle invention de *Conté*, admirable par sa simplicité & sa justesse, est celle du *Télégraphe Aérostatique*. Elle consiste en huit cylindres de taffetas noir ciré, tendus sur des cerceaux, semblables aux petites lanternes de papier, qui se déployent & se reployent sur elles mêmes. Ces huit cylindres mobiles, chacun de trois pieds de diametre, déployés, & d'une hauteur proportionnée, sont suspendus, attachés entr'eux avec des cordes, l'un au dessus de l'autre, avec des intervalles de quatre pieds, dessous la gondole, à laquelle ils forment une queue. Les correspondans aéronautiques, au moyen des cordes qui passent au travers du fond de la gondole, dirigent ces cylindres indicateurs, qu'ils retirent ou rassemblent à leur gré, & c'est par cette manœuvre qu'on dirige la correspondance télégraphique des plus hautes régions de l'air. Ce simple appareil par la séparation, ou la réunion alternative des huit cylindres forme deux cents soixante & cinq changemens, qui expriment les différents caractères nécessaires pour la correspondance. Ainsi pour mettre plus de mystere dans la correspondance, on peut les changer souvent.

Le 3 Prairial, *Conté* avec son télégraphe, elevé à cent brasses, a correspondu pour la premiere fois avec l'observatoire télégraphique du Louvre éloigné de deux lieues, & a été parfaitement entendu. Il était occupé de l'invention d'un semblable télégraphe aérostatique qui, sans le secours d'un grand ballon & d'un correspondant aéronaute, serait manœuvré de terre avec des cordes, étant suspendu sous un petit ballon seulement à douze pieds de hauteur.

Une autre découverte, qui n'a point de rapport avec cette partie des travaux de l'inventif *Conté*, c'est celle du *crayon artificiel* semblable en bonté aux meilleurs crayons Anglais.

Il n'est point composé comme ceux ci avec la mine de plomb naturelle, mais avec un mélange & un amalgame, produit d'opérations chymiques, qui d'après le rapport fait par *Fourcroy* le 26 Prairiel à l'institut national, donne toutes les mêmes qualités, la dureté, la mollesse, la couleur, la propreté & la durée des caracteres tracés sur le papier, & qui s'efface de même avec la gomme élastique ou la mie de pain. La chaleur ne produit aucun éffêt sur sa matiere. *Fourcroy* observe que ces crayons artificiels par les qualités spécifiques qui lui sont propres, sont préférables même aux crayons Anglais, & il somme l'institut de recommander au gouvernement cette heureuse invention pour l'utilité générale.

J'ai vu à *Meudon*, le capitaine des aéronautes *Coutel*, le même qui le 26 Juin 1794 montait le ballon l'*Entreprenant*, & qui *dirigeait* la merveilleuse & importante reconnaissance de l'armée ennemie à la bataille de *Fleurus*, accompagné d'un adjudant & d'un général. Je lui ai parlé de son voyage aérien pendant cette bataille si glorieuse & si décisive par ses suites, dont le succès est dû en partie à cette expedition aérostatique, d'après le jugement unanime des personnes impartiales. *Coutel* monta deux fois dans cette journée pour observer, de la hauteur de deux cents vingt brasses, la position & les manœuvres de l'ennemi. Il resta chaque fois quatre heures en l'air, & correspondit avec le Général Jourdan, commandant de l'armée Française par des signaux de pavillons convenus.

L'entreprise avait été découverte à l'ennemi, & au moment de l'ascension du ballon une batterie ouvrit son feu contre les aéronautes. La premiere volée avait été dirigée trop bas, cependant un boulet passa entre le ballon & la gondole, si près que *Coutel* crut qu'il avait atteint le premier. Aux décharges suivantes le ballon avait déjà atteint une élévation hors de la portée des coups, & on voyait voler les boulets au dessous de la gondole. Les aéronautes, sans danger & sans trouble comme dans une chambre paisible, voyaient toutes les évolutions des ennemis, & dominaient du haut des tranquilles régions de l'air deux armées formidables qui se battaient. C'est en vain que l'imagination la plus brûlante s'épuise quand elle veut se figurer ce spectacle incalculable, qui surpasse les bornes de son vol le plus audacieux.

LE TÉLÉGRAPHE.

La télégraphie a rencontré la même contradiction en pays étranger sur la priorité de l'invention que l'aéronautique : quoiqu'il en soit, les Français tirent une grande utilité de cette découverte, en attendant que l'étranger s'amuse à rechercher avec la plus profonde science, à discuter, à combattre, & enfin à démontrer ce grand problême. Cette excellente invention de *Chappe* est plus connue par ses propriétés extérieures que par ses dispositions intérieures aussi simples qu'effectives, je n'en ai encore vu aucun rapport fait par un témoin oculaire. Pour monter dans l'observatoire télégraphique du Louvre, il faut obtenir une permission expresse du gouvernement par le ministre de l'intérieur, ou y être conduit par l'inventeur lui-même.

Chappe, homme plein d'esprit, de connaissances & d'amour pour son art, avait déjà fait la découverte de la télégraphie avant la révolution. Cet événement fut pour lui un nouvel aiguillon pour étendre une invention, dont l'utilité pour la République, surtout en tems de guerre, sautait aux yeux. Il la communiqua en 1792 à l'Assemblée nationale. Le 25 Juillet 1793, sur le rapport de *Lacanal,* la Convention décréta l'établissement d'une correspondance télégraphique, sous la direction de *Chappe,* comme *ingénieur télégraphe.*

Sous la dictature de Robespierre, cet homme si utile trouva des calomniateurs & des accusateurs secrets, qui voulaient l'éloigner de son poste, ou peut-être le précipiter dans la fosse commune des victimes, le cimetiere de la Madelaine. Il fut accusé d'avoir employé son télégraphe contre-révolutionnairement, il surmonta les accusations de ses envieux. Dans les différents plans de conjurations, au moment où elles devaient éclater il ne courut pas moins de dangers. Dans chacune entrait le projet de s'emparer du télégraphe du Louvre, comme le moyen le plus prompt & le plus secret de communiquer avec les armées, les flottes & les départements.

Le télégraphe est établi sur la plateforme de l'observatoire du Louvre, placé sur le pavillon occidental du milieu. au dessus d'une vaste chambre, garnie de fenêtres tout autour, où se tient le bureau de la correspondance télégraphique.

Les aîles du télégraphe se meuvent autour d'un axe de fer, qui traverse par le milieu de l'aîle principale, entre deux pilliers bien fortifiés avec des bandes de fer, de douze pieds de haut. L'aîle principale d'environ dix pieds, & les deux autres de la moitié de cette longueur, sont larges de deux pieds à leurs extrémités, consistantes en deux fortes pieces paralleles de bois peintes en noir. Leurs intervalles renferment des pieces traversieres & prismatiques, enveloppées d'une plaque polie, qui par la réflexion de la lumiere qui se répand sur elles quand le tems est troublé, servent à rendre plus sensibles dans le lointain le mouvement & la direction des ailes. A l'extrémité de chaque aile on place des lanternes, qui restent perpendiculaires à chaque mouvement de celles-ci, & dans la correspondance de nuit montrent la direction des ailes télégraphiques. Le mouvement des trois ailes dans toutes les directions est rapide, léger & sans bruit. Leur méchanisme est extrêmement simple. A chaque aile sont fixées deux perches, dirigées au travers de la plateforme de la chambre de l'observatoire. Au milieu de cette chambre est un cabestan, ou machine à rouages, très-simple, composé de trois rouleaux garnis de manches, auxquelles six barres des ailes sont fortement attachées avec une corde qui les entoure. L'aile principale est dirigée par le rouleau du milieu & ses deux barres, les deux autres rouleaux dirigent les deux autres ailes. Un homme seul gouverne les rouleaux avec une légéreté & une facilité étonnantes. Il ne lui faut qu'un coup à l'un ou l'autre des rouleaux & les ailes se détournent rapidement, & prennent une autre di-

TOME II.   K

rection fixe. A un pilier de la muraille du cabinet est fixé un petit télégraphe proprement travaillé, qui a une correspondance invisible avec le cabestan dirigeant la grande machine; il imite ponctuellement tous ses mouvements & ses positions, & il sert ainsi à l'agent qui ne voit pas le grand télégraphe, & qui cependant le dirige, à assurer ses opérations, parce que le petit modele répete toutes les directions de la grande machine.

Quelques jeunes gens dressés à conduire la correspondance télégraphique travaillent dans le bureau de *Chappe.* L'un met la machine en mouvement, une autre par des ouvertures garnies de soupapes pratiquées dans les murs du cabinet, observe au travers d'une lunette d'approche son correspondant le plus voisin à Montmartre, & il répete & écrit les réponses de ce télégraphe. On a destiné la montagne de Montmartre, située à deux lieues du Louvre pour le second point de correspondance sur la ligne de Lille, sur laquelle route, d'environ cinquante lieues de France, on a élevé quatorze ou seize télégraphes. On connaît la vitesse, plus rapide que celle des oiseaux, avec laquelle les nouvelles sont apportées à Paris, ainsi que les réponses.

Voici comme est dressée cette correspondance. Le matin, en été, sur les quatre heures, ou plus tard, si les correspondans sont convenus entr'eux le soir précédent d'une heure fixe, le télégraphe Parisien demande dans la langue des signaux, à celui de Montmartres on voisin, s'il est arrivé des nouvelles des armées. Celui-ci répond. Si de part & d'autre il n'y a rien à communiquer, le Parisien indique l'heure où l'on doit r'ouvrir la correspondance, & la machine est mise en repos (*signe de repos.*) Cependant dans l'intervalle de ce tems de repos les correspondans s'observent mutuellement, de tems en tems, pour le cas où il y aurait quelque chose d'extraordinaire à communiquer, ce qui est annoncé par un signe particulier, (*signe d'activité*) qui se répete aussitôt sur toute la ligne de correspondance, pour appeller tous les observateurs à leurs postes. Si ce cas accidentel n'arrive pas à l'heure indiquée sur la pendule à secondes, le télégraphe Parisien reprend son travail, & après une question, ou un signe, il termine par assigner une, ou plusieurs heures de repos, (*signe de repos d'une heure, deux, trois heures.*) Il continue ainsi jusqu'au soir ; alors il fixe l'heure de la correspondance pour le lendemain. Le même arrangement a lieu sur toute la ligne de correspondance jusqu'à Lille.

Quand on ne connaît pas le genre d'écriture télégraphique, on imagine que par lettres, par syllabes, ou par mots, elle doit être fort lente & fort compliquée ; c'est tout le contraire. Les grandes abbréviations de la télégraphie facilitent & accélerent la correspondance. Chaque matiere particuliere, la guerre par exemple, a son chiffre. Un seul signe de la machine embrasse un objet tout entier, ou une expression importante. Je suppose que le télégraphe de Lille veuille donner la nouvelle suivante à Paris.

" Ce matin à cinq heures,

" L'armée du nord a attaqué

" L'ennemi, fort de deux mille hommes,

" Elle a vaincu,

" Et a fait cinq cents prisonniers."

Ce rapport se fait en cinq signes, en deux minutes, avec les pauses des lignes. Le correspondant de Paris veut en réponse transmettre à Lille le décret d'honneur accoutumé de l'Assemblée Législative—" L'armée victorieuse continue à bien mériter de la patrie."—Cela s'exprime en un seul signe : *Signe d'honneur pour l'armée victorieuse.*

Chappe m'a dit qu'un rapport extraordinaire qui contiendrait une demie page de papier, écrite serrée, ne prendrait qu'un quart d'heure pour être transmise d'un télégraphe à l'autre. Lorsqu'on considere le tems qu'il faut pour que chacune des machines soit à sa place, & que chaque signe convenu doit rester jusqu'à ce que l'observateur du Louvre voye que celui de Montmartre a répondu à ce signe, l'a compris & répété plus loin, la rapidité de cette communication en si peu de tems paraît admirable.

Outre cette langue de signaux, dont le tableau est pendu dans le bureau avec une carte

chorographique de la ligne de correspondance, il existe encore un chiffre pour les
nouvelles qui exigent le secret, dont l'inspecteur du télégraphe de Paris & celui de Lille
ont seuls la clef. Les correspondans des sta-
tions intermédiaires exécutent ces signaux mé-
chaniquement sans les comprendre.

En ma présence, dans le bureau télégraphique du Louvre, il arriva un soir fixé d'a-
vance, que la question fut envoyée en un seul
signal au télégraphe de Montmartre & de là
à celui de Lille, savoir, s'il était arrivé quelque chose de nouveau à l'armée : dans le
même moment que le coup fut donné au rouleau pour mettre la machine en position de
recevoir le signe, j'observai à la montre des
secondes pendue à la muraille du cabinet, &
à la quatre vingt huitieme seconde, la réponse
arriva, *non*.

On a dressé plusieurs projets pour augmen-
ter la correspondance télégraphique avec plusieurs autres parties de la République, surtout
avec les ports de mer, mais leur exécution sera
encore longtems suspendue à cause du mauvais état des finances de la République.

La société de Hambourg pour l'encouragement des arts & métiers utiles, dont j'ai l'honneur d'être nommé depuis huit ans le secrétaire dirigeant ses travaux, est la premiere
dans laquelle, peu de tems après que l'invention du télégraphe a été connue à Paris, un
membre ait proposé d'établir une correspondance télégraphique, pour l'avantage du
commerce, en lui procurant les nouvelles des
vaisseaux depuis l'embouchure de l'Elbe jusqu'à cette ville. Le résultat des conférences de
la société & des avis savamment & profondément raisonnés du comité choisi pour la discussion de ce projet, formé de membres connaissant l'objet & les localités, présenterent
des difficultés insurmontables, tant à l'égard
du climat & du local que par l'énormité de la
dépense d'un pareil établissement.

De pareils obstacles pourront dans beaucoup d'autres parties de l'Allemagne empêcher
un pareil établissement, malgré les projets que
le patriotisme pourra inspirer. Dans l'intérieur
de l'Allemagne, où un pareil établissement per-
drait sa principale utilité, n'ayant pas pour but

l'avantage du commerce, & surtout du commerce maritime, il ne produirait qu'en tems de guerre des avantages assez importans, mais éphémeres ; car il est des cas où la célérité d'une nouvelle peut être d'une très-grande utilité.

SALLE DES MINÉRAUX DANS L'HÔTEL DE LA MONNOYE.

Le beau monument d'architecture construit sur le Quay Conti d'après les desseins d'*Antoine*, l'Hôtel des Monnoyes, est à présent remarquable sous deux points de vue. La belle collection de minéraux vendue par *Le Sage* à la nation, y est placée dans une grande salle, qui surpasse tout par la disposition, la magnificence & le goût. Elle était autrefois le tribunal des Monnoyes. Le superbe escalier qui y conduit donne déjà de grandes espérances, qui sont surpassées quand on est entré. *Antoine* lui-même avait arrangé cette salle pour sa nouvelle destination & l'avait décorée d'ar-

chitecture, sculpture, peinture, dorure, dans
le style antique, & des colonnes imitant le
marbre *giallo antico*. Une galerie octogone
fait le tour de la salle, & dans le milieu sont
rangés en amphithéâtre des bancs couverts de
velours bleu pour les auditeurs du cours mi-
néralogique de *Le Sage*. La muraille qui
regne en demi cercle derriere cette file de
siéges presente une suite de belles armoires
sous glaces pour les minéraux ; ils y sont arrangés d'après un catalogue imprimé de *Le
Sage* ; chaque piece séparément numérotée,
& les classifications sont affichées sur des
planches. Contre la muraille de la salle sont
placées des armoires richement décorées pour
l'appareil des ouvrages & des productions chymiques. Parmi ces derniers on distingue plu-
siurs *Arbres de Diane* d'une beauté & d'une
grandeur rares. Derriere le siége du professeur, au côté ouvert du demi cercle amphi-
théâtral, s'ouvre une niche décorée dans le
ftyle Egyptien, avec un foyer chymique sup-
porté par des caryatides, dans lequel sont
placés, comme les autels à parfums des an-

ciens, les fourneaux, propres à la *dokimasie*, ainsi que les autres instruments physiques.

La salle est entretenue avec le plus grand soin, ainsi que toutes les richesses qui la meublent, & elle brille du plus grand éclat. Dans un cabinet joignant est une collection précieuse & complete de substances minérales décomposées par *Le Sage*, & quelques caisses sous glaces dans la salle même, conservent une collection de cristaux, imitée par *Romé de l'Isle* en forme de bois, avec les modeles semblables de l'Abbé *Hauy*.

Une collection de minéraux indigenes rangée dans un ordre géographique, avec des modeles & des essais appartenant à la fouille des mines, est placée dans la galerie de la' salle & dans plusieurs cabinets contigus. On remarque surtout une suite complete des productions de Montmartre près Paris. Devant l'escalier de la galerie est placé le buste en bronze de *Le Sage*, par *Houdon*, avec cette inscription, *Difcipulorum pignus amoris*. En vendant sa collection, il s'en est réservé pour toute la vie l'usage pour son cours minéralo-

gique & chymique qu'il tient tous les hyvers.
Deux gardiens sont toujours présens dans la
salle, pour donner aux étrangers toutes les
explications sur cette précieuse collection &
pour leur présenter un catalogue imprimé.
L'ensemble de cette curiosité est si attrayant,
qu'on ne peut pas passer devant l'Hôtel de la
Monnoye, sans monter dans la superbe salle
des minéraux, qui est ouverte toute la journée.

CABINET DE PHYSIQUE DE CHARLES.

Le célebre physicien & aéronaute *Charles*,
a fait présent à la nation de la collection, très-
soigneusement rassemblée & très-complete,
de ses instruments & modeles mathématiques
& physiques, & jamais citoyen n'a fait à sa
patrie un présent plus considérable & plus
généralement utile. Par reconnaissance on
lui a donné un logement beau & commode
dans le Louvre & l'usage de son cabinet sa
vie durant. La grande & belle salle où est

placé tout cet appareil est en même tems l'auditoire du cours de *Charles* sur la physique
expérimentale, c'est un grand quarré fort
élevé avec une galerie dans le haut. Sur des
tables très-propres rangées en ligne & sur des
tablettes contre la muraille est étalé tout l'appareil appartenant à la physique expérimentale
& à la chymie, le plus beau, le plus complet
& le mieux travaillé qu'aucun particulier
puisse posséder. Les instruments sont la plûpart faits en France, très-bien polis, & tenus
dans le plus grand ordre. Le bois, le métal
& le verre sont très-brillants. " Faut-il s'é-
tonner, me disait un des collegues de *Charles*
dans l'Institut National, cet homme passe
sa vie entiere à polir ses instruments." Cette
épigramme amere d'un chymiste polygraphe,
portait sur ce que *Charles*, par une fantaisie,
particuliere, n'écrit & n'imprime rien de ses
observations.

Au milieu de la grande salle est une tribune, & tout le côté en face du professeur
est occupé par un riche appareil d'instruments
pour l'électricité. Après la machine de *Marum*,

à *Harlem*, on regarde celle de *Charles* comme la plus grande connue. Le plateau a cinq pieds & demi de diamètre, & la machine, quand elle n'est pas isolée, lance des étincelles de dixhuit pouces. Parmi les principaux instrumens de ce cabinet, on distingue l'appareil amélioré par *Charles*, avec lequel *Coulon* a fait la découverte, pas inférieure à la théorie de *Newton*, que la diminution de la force électrique & magnétique est en raison inverse du quarré des distances.

Le cours très-suivi de *Charles* sur la physique expérimentale commence tous les ans en Décembre & finit en Mai. Quelque gracieux qu'il soit d'ailleurs, je n'ai pas pu obtenir de lui la permission d'assister à une de ses leçons. Il s'est fait le plan de ne donner cette permission à aucun étranger, pour n'être pas jugé sur des fragments de son cours.

Charles vit dans son élément, la physique, avec toute la simplicité républicaine, & reçoit les étrangers qui se présentent chez lui avec beaucoup d'urbanité. A ses côtés vit une femme, dont la société, les soins & les services sont tout pour lui. Elle est dans son cabinet de physique comme chez elle. En l'absence de son ami, elle montre aux étrangers, & leur explique tous les détails de ce cabinet avec une cordialité, un désintéressement & une aisance, qui remplace bien la fleur de la jeunesse qu'elle a perdue. Par l'instruction qu'elle a reçue depuis plusieurs années de son *Charles,* elle a acquis des connaissances plus que superficielles dans la physique expérimentale; l'agrément & la facilité de parler particuliere aux Françaises rend ses leçons doublement intéressantes, même quand elle trouve un écolier peu expérimenté, auquel, avant qu'il y prenne garde, elle donne un coup de sa machine éclctrique—en écrivant, il me semble que mon bras s'en ressent encore.

Dans un petit cabinet obscur, qui donne sur la place du Louvre, est une grande chambre obscure, sur le plateau de laquelle les figures se montrent de quatre pouces de hauteur. Cet enfantillage d'optique procure un amusement fort agréable par le spectacle sur la grande place du Louvre de cette fourmilliere de voitures, de gens à pied & à cheval, de toutes classes & de tout âge, avec les variétés de leur allure, de leur vêtemens, de leurs gesticulations, de leur phyſionomie, vus au travers de la chambre noire. Le front ridé du plus grand hypocondre se dériderait devant ce tableau mouvant, surtout accompagné des paraphrases satyriques de la petite citoyenne, sur les figures ridicules des passants.

LE LYCÉE RÉPUBLICAIN.

L'aréonaute infortuné *Pilatre du Rozier*, peu de tems avant sa chute Phaétontique, avait fondé *le Lycée*, surnommé à présent *Républicain*. Il a chancelé plus d'une fois depuis les dernieres années de la révolution ; mais il se soutient encore & procure aux indigenes & aux étrangers des heures agréables & instructives. La ruine de cet institut, le seul dans Paris qui ne coûte rien à l'état, serait une grande privation pour beaucoup de monde ; il se soutient par les dons gratuits des membres, & pour un léger abonnement, les étrangers jouissent des mêmes avantages. Le Lycée a un grand auditoire pour l'exposition de plusieurs sciences, un bon appareil d'instruments physiques & mathématiques, & un cabinet de lecture très-obscur, qui ne se distingue ni par la commodité, ni par la propreté, ni par l'ordre, où, excepté les principalles feuilles politiques & une couple de journaux littéraires, on ne trouve aucun livre, ni papier nouveau. Plus loin sont des chambres de conversation pour les hommes & les dames avec un forte-piano. Ces chambres sont ouvertes depuis dix heures du matin jusqu'à dix heures du soir, & un vieux gardien se tient toujours dans l'antichambre.

Dans la chambre des hommes, se rassemble un genre de public très-particulier, isolé du reste des abonnés du Lycée. Ce sont de vieux politiques avec des juste-au-corps à taille roide & des perruques, des figures du tems de Louis XV. On trouve à toutes les heures de la journée ces vieux messieurs, assis sur leurs chaises, racontant ou écoutant ; là chacun a

l'air d'avoir son poste fixe comme chez nous
les places louées dans les églises, ils forment
un grand cercle autour du feu de la cheminée
sans feu. Là ils se communiquent les nouvelles du jour à moitié vraies, ou entierement
fausses, dont chacun a fait provision avant
d'entrer pour les étaler pour l'entretien &
l'amusement du cercle. J'imagine que la
plûpart des nouvellistes allemands, fameux, &
que la société des compositeurs du Journal
Politique d'Altona ont, dans cet aréopage sous-
politique & dans d'autres pareils qui existent
à Paris, leurs espions & leurs rapporteurs
affidés ; car j'ai trouvé souvent au bout de
quelques mois dans le Journal Politique des
mensonges que j'avais entendu prononcer par
un de ces vieux nouvellistes, ou des récits
souvent fort insipides qui sortaient du grand
conseil de la cheminée. Ces débiteurs de
nouvelles se connaissent entr'eux à l'allure :
dès qu'un de la bande entre dans la chambre
il est accueilli avec une amitié fraternelle ;
mais en revanche tout étranger qui se mêle
parmi eux est passé en revue par des yeux

TOME II. L

très-séveres. Aux miroirs de la chambre est affichée une annonce, qui dit que ce lieu n'est point destiné aux débats politiques; aussi très-obéissans à la loi ces gens ne disputent jamais, seulement chacun se farcit en silence d'autant de mensonges politiques, républicains, & anti-républicains qu'il en peut digérer. La voracité de ces politiques éclate surtout au moment où paraît le *Journal du Soir.* Il est apporté là sortant de la presse, tout mouillé, & le grand prophete *Etienne Feuillant* excite aussitôt une acclamation générale : de tout côté on crie : *La Leĉure !* Le public de la chambre de leĉure arrive aussi pour écouter, averti par le gardien qui crie, *Citoyens, la lecture du journal !* Un leĉeur attitré lit alors la feuille depuis A jusqu'à Z.

La salle d'auditoire du Lycée est en même tems arrangée pour un laboratoire chymique; car où ne trouve-t-on pas à Paris un appareil pour cette science favorite des Francais ? Science dans la pratique de laquelle ils semblent vouloir surpasser toutes les nations. Les Professeurs attachés au Lycée sont bien payés.

Les audiences de la plûspart d'entr'eux sont très-nombreuses, & consistent en deux ou trois cents personnes des deux sexes. Même aux leçons anatomiques de *Süe*, & aux démonstrations les plus sécretes de l'art de désséquer, il ne manque jamais d'assister un grand nombre de très-aimables écolieres, qui avec une attention avide, étudient pour connaître théorétiquement les belles formes humaines, dont elles ont déjà la pratique.

Pendant l'été dernier les sciences suivantes étaient l'objet des leçons de tous les jours, de deux jusqu'à quatre heures. Tous les ans on annonce dans un programme les matieres qui doivent être traitées, ainsi que les heures, à chaque décade, dans une feuille imprimée. Voici les noms des professeurs.

Physique.—*De Parcieux.*

Chymie.—*Fourcroy & Vauquelin.*

Anatomie.—*Sue.*

Botanique & Agriculture.—*Sylvestre & Coquebert.*

Histoire.—*L'Evêque.*

Géographie.—*Mentelle.*

Grammaire Philosophique.—*Sicard.*
Langue Anglaise.—*Roberts.*
Langue Italienne.—*Boldoni.*

La Harpe avait annoncé dans le programme un cours de littérature universelle. Mais son emprisonnement pour avoir participé dans l'affaire des sections en Vendémiaire l'en a empêché. On vient de le mettre en liberté.

Deux séances qui m'ont fortement intéressé, tant par leur objet que par l'excellence des professeurs, sont les leçons sur la chymie de *Fourcroy*, & de la Grammaire philosophique de *Sicard*.

Fourcroy, dans ses leçons libres & sans préparation, réunit toutes les propriétés d'un habile professeur & d'un excellent orateur ; la parole brillante, un bel organe, la légereté d'une expression coulante, du génie & de la vie dans son exposition, de l'ordre & de la précision dans la suite des idées, de la clarté dans l'expression, une plénitude de pensées, un art particulier d'enchaîner, & de tenir en haleine l'attention de son auditoire par des tournures neuves & piquantes, par des épi-

sodes & des narrations toujours liées à son
objet. Combien de fois j'ai admiré ces rares
qualités dans les leçons de cet homme étonnant, ainsi que son activité !

Il est en même tems représentant dans le
Conseil des Anciens, député & professeur
dans les instituts les plus importants, l'un
des membres les plus laborieux de l'Institut
National, & un des plus diligents écrivains.
Après avoir rempli ses fonctions de représentant, il lit souvent quatre ou cinq heures par
jour dans les cours publics, & partout il
est suivi d'un auditoire nombreux. Une
humeur caustique & la facilité inexprimable
de sa coulante énonciation l'entraînent souvent, dans les débats, à des personnalités
piquantes contre ses adversaires, qui rarement sont aussi prompts & aussi éloquents.
Dans quelques occasions de cette sorte, surtout dans les débats des séances particulieres
de l'Institut National, je regrettais de ne pas
trouver *Fourcroy* calme dans ses idées & froid
dans la discussion.

D'une plus haute importance & d'un interêt bien plus général par leur objet, sont les leçons que *Sicard* donne au Lycée sur la Grammaire philosophique, la répétition & le développement abrégé des principes de son institution des sourds & muets. *Sicard*, sans considérer les services qu'il avait rendus au genre humain, à la tête du bienfaisant institut des sourds & muets, fut persécuté comme prêtre insermenté & languit en prison sous *Robespierre*. Ni les services qu'il rendait à l'humanité & à sa patrie, ni l'amour & la douleur si éloquemment exprimés par ses enfans, c'est ainsi qu'il nomme ses éleves, n'auraient pu l'arracher à ses bourreaux ; il dut son salut à la chûte de l'infame tyran de la nation.

Tout l'extérieur de cet homme respectable porte la profonde impression des vexations & des maux corporels qu'il a soufferts. L'été dernier, *Sicard* a entrepris dans des feuilles publiques la défense de ses compagnons d'infortune & la sienne propre, avec franchise, dignité & énergie ; & la France n'aurait rien à craindre de la horde dangereuse des prêtres, si ces hommes, même de loin, suivaient les traces du magnanime & indulgent *Sicard*. Il ne donne leçon qu'une fois par décade dans le Lycée ; alors la salle est entierement pleine d'auditeurs des deux sexes : mais sa santé chancelante l'empêche souvent de continuer son cours. La plainte était générale quand, à la porte d'entrée, on voyait le signal qui annonçait cette interruption de la séance prochaine. La maniere de démontrer de *Sicard* est très-intelligible même dans les matieres psychologiques les plus compliqués. Elle ressemble à une conversation entre amis. Un de ses éleves sourd & muet est placé à côté de lui pour expliquer aux auditeurs par la pratique les propositions théorétiques de grammaire philosophique.

L'instituteur écrit, par exemple, sur une table une queftion faite par un des auditeurs, & pendant que lui-même continue l'explication de son systême, l'éleve répond à la question par écrit sur la table. Ces réponses à des questions souvent difficiles & compliquées sont simples, très-précises & completes : il y a rarement de l'erreur. Dès qu'il se trouve une faute, l'instituteur ne fait que l'indiquer, l'éleve l'efface, & travaille à la rectifier, jusqu'à ce qu'il ait donné une réponse satisfaisante. La force de conception de ces jeunes infortunés, devenus des êtres pensans par les mains de leur instituteur & leur ami, leur pénétration pour débrouiller, leur clarté pour exprimer avec précision les idées qu'ils ont reçues, la vérité, la simplicité, la beauté de leurs perceptions, les résultats de leurs réflexions excitent autant de sensibilité, que d'admiration.

L'Institut des sourds & muets de *Sicard* est rétabli sous la protection du gouvernement dans la rue *Jaques*, fauxbourg *Germain*; cinquante sourds & muets y sont élevés, & chaque décade il y a un exercice public. J'ai été quelquefois spectateur de cette instruction, & je me trouvais au milieu de ces intéressantes & infortunées créatures comme dans le sein d'une famille gaie & heureuse. La conduite paternelle de l'instituteur est aussi pleine de tendresse, que l'attachement des éleves peint l'amour filial. La douce gaîté, la satisfaction de leur état sont peints sur leurs mines & dans leurs procedés. Le cœur est vivement ému, en pensant à ce que ces hommes seraient sans cette éducation, & à ce qu'ils sont à présent.

Je me rappellerai avec émotion toutes les circonstances de ma premiere visite au prédécesseur & à l'instituteur de *Sicard*, *l'abbé de l'Epée*, ce respectable vieillard, qui sous des cheveux blancs couvrait tout le feu & la gaîté de la jeunesse. L'esprit de ce vénérable instituteur paraît être resté suspendu sous son buste placé dans la salle d'auditoire, où il est respecté comme l'objet de l'amour de ses éleves. A l'égard de la méthode, j'ai trouvé l'instruction améliorée, & moins mêlée d'idées scolastiques & mystiques qu'autrefois, mais elle n'en est pas entierement débarrassée.

Sicard a entrepris avec un de ses éleves le travail inimaginable de lui apprendre à parler, & à juger relativement, il a merveilleusement réussi : mais c'est avec un sentiment pénible qu'on entend les sons durs, sourds & prononcés par un sourd-muet, avec des contractions de poumons visibles & avec des grimaces fatigantes. Le jeune sourd & muet prononçait facilement les mots de deux syllabes, surtout quand la derniere était muette, comme *pere, mere,* &c. mais depuis bien des années l'instituteur se donnait des peines inutiles pour lui faire saisir quelques inflexions de la prononciation Française ; comme par exemple la prononciation de la lettre *u,* dont l'éleve faisait toujours la diphtongue *ou,* prononçant *plou* au lieu de *plü* (plus).

Pendant que *Sicard* m'expliquait quelques uns des principes de sa méthode, & qu'il tournait le dos à ses éleves assis en cercle derriere lui, il s'éleva parmi eux un jeu de pantomime extrémement actif, que j'aurais bien voulu pouvoir suivre avec plus d'attention & de loisir, car jamais l'art mimique n'a été plus éloquent & plus expressif que dans le cercle des sourds & muets. Il est étonnant que le luxe des grands, si inventif, & qui s'étend sur tout, n'ait pas encore imaginé cette nouvelle source d'amusement. Un théâtre pantomime de sourds & muets serait une nouveauté très-piquante pour le goût émoussé de ces Messieurs !

La vive expression du travail de tous les muscles du visage, & des mouvements de tous les membres qui l'accompagnaient, suivait le feu de la narration & la rapidité des idées qu'ils voulaient communiquer.

La pantomime était trop intelligible pour avoir besoin d'explication. Un conteur sourd & muet, qui s'était établi au milieu du cercle, exposait à ses sourds auditeurs l'avanture arrivée à un cavalier poudreux, dont il avait été témoin. Il avait vu un homme monté sur un cheval fougueux qu'il ne savait pas gouverner, lequel après beaucoup de sauts & de caracoles avait jetté, très-justement, son cavalier dans le sable. Les mouvements & les mines animées de ce narrateur mimique avaient une expression très-plaisante, en racontant cette histoire simple en elle-même, qu'il ornait de mille petites circonstances, qui égayaient son récit. L'histoire ne manqua pas son but, le petit public très-gai prit part à la plaisanterie par un rire étouffé, & en répétant & contrefaisant cette scene. On ne pouvait pas appliquer dans cette occasion le proverbe : *C'est un muet qui prêche des sourds *.*

LYCÉE DES ARTS.

L'époque de la suppression de l'Académie Royale des Sciences, il y a environ six ans, est aussi celle de l'origine du Lycée des arts, qui n'a d'abord été qu'une association particuliere de quelques anciens académiciens & d'autres savans & artistes pour la continuation de leurs travaux communs de littérature & des arts. Le plan en a été projetté par *Desaudray*, secrétaire général actuel du Lycée. Il a fondé cet Institut en y sacrifiant sa propre fortune, pour remplir ce noble but de l'utilité publique. L'ancien comité d'instruction l'a élevé au rang des établissemens nationaux soutenus par le

---

* Le malheureux, l'intéressant, le vertueux *Sicard*, a été enveloppé dans la malheureuse catastrophe du 4 7bre. & condamné à la déportation, ainsi que la Harpe & Fontanes. *Note du Traducteur.*

gouvernement. Le Lycée a éprouvé les as-
sauts de l'anarchie & de la barbarie destructeurs de tous les temples des sciences & des
arts, & il a survécu à cette avilissante époque,
mais comprimé, sans activité, sans oser tenir
ses séances publiques, qui encore une fois depuis ont été interrompues lors des troubles
des sections de Paris. Mais même pendant
cette cessation de son activité apparente, le
Lycée rendait de grands services pour l'encouragement de l'instruction. Le Lycée en-
tretenait alors plusieurs établissements littéraires gratuits, & l'on compte dans ces années
désastreuses vingt-deux cours pour les sciences tenus par ses membres. Le Lycée a eu
le courage de décerner la couronne civique à
Lavoisier languissant dans les cachots & prêt
à monter sur l'échaffaud & de refuser la réception comme membre à Robespierre.

Enfin après le rétablissement de la tranquillité publique, cet Institut a célébré le 3
Brumaire de l'an 4 (25 Octobre 1795) dans
sa séance d'ouverture, sa renaissance. Le
gouvernement actuel, qui se distingue par son

activité à soutenir tout ce qui regarde les sciences & les arts, accorde au Lycée des arts des fonds proportionnés à ses dépenses, qui consistent en récompenses & en encouragements du mérite.

Le dernier jour de décade de chaque mois se tiennent les séances publiques, & le septieme jour de chaque décade les séances particulieres. L'Institut est composé de trois cents membres.

Le but du Lycée des arts est d'encourager les sciences, mais surtout les arts & les métiers utiles, de donner connaissance de leurs progrès, de donner protection publique au zele inventeur & des récompenses aux habiles ouvriers : chacun des membres travaille à remplir ce but avec l'enthousiasme & l'activité propres à la nation Française.

D'après un rapport public, le Lycée, depuis sa fondation, a fait connaître trois cents quatre-vingt inventions, ou perfectionnements dans les arts utiles, les a soutenus, & a récompensé publiquement les inventeurs.

Les séances publiques se tiennent dans le

fameux *Cirque du Jardin d'Egalité*, ci-devant le champ de bataille des orgies du Duc d'Orléans, que Desaudray, fondateur du Lycée a loué à cet effet pour douze ans : on pourrait leur reprocher la pompe brillante qui ne semble pas convenir à un établissement de cette espece, mais ce défaut attaché à l'esprit du siecle & de la nation peut avoir son utilité en France.

Dans ces séances, l'institut cherche à réunir dans ses travaux l'agréable à l'utile, l'enjoué au sérieux. On lit des traités sur les sciences, des éloges funebres de savans & d'artistes, on distribue avec profusion des couronnes, des médailles, & d'autres récompenses, on présente les nouvelles inventions, on dispose des expériences. Ces occupations sérieuses sont alternativement coupées par des morceaux de musique, par des tirades de déclamation, par des scenes enfin qui feraient un meilleur effet sur le théâtre que dans cette salle rétrécie par le nombre des auditeurs, & dont la construction n'est par favorable à cet objet. L'exécution de la musique n'y est pas sans mérite, l'orchestre y est fort bon, & à côté de jeunes artistes qui promettent beaucoup, on y entend souvent les meilleurs virtuoses.

La salle est divisée en deux parties, l'une pour les membres du Lycée & de l'orchestre, l'autre pour les spectateurs ; il y a aussi tout autour des loges, des galeries & des bancs placés en amphithéâtre. Devant l'orchestre qui s'éleve au fonds de la salle, est placé le fauteuil du président, la tribune & une place vuide pour les démonstrateurs des nouvelles machines & des expériences. Dessus la tribune, près de la coupole, d'où le jour tombe dans la salle par en haut, est gravé l'axiome trop long-tems oublié en France sous le regne de l'anarchie : *Vertu, justice, humanité, sans elles point de liberté.*

Une exposition abrégée de deux séances publiques, auxquelles j'ai assisté, rendra sensible au lecteur le caractere, un peu chargé d'ostentation de cet Institut.

*Quarante quatrieme Séance du Lycée des Arts,
tenue le* 30 *Germinal, an* 4, (10 *Avril* 1796.)

Sous la présidence du chymiste *Pelletier,*
la séance fut ouverte à midi par une simphonie de Hayden, & les occupations suivantes de
la séance furent alternées par des exécutions
de musique de jeunes artistes sur le violon, la
guittarre & le forte piano.

Le fondateur & secrétaire général du Lycée, *Desaudray,* bon orateur, fit un rapport
sur les travaux des membres pendant le mois
écoulé, annonça quelques nouveaux ouvrages,
& quelques lectures publiques, & présenta à
l'assemblée un portrait de *Lavoisier* gravé en
cuivre par un des membres, d'après un original de *David:* il annonça ensuite que, d'après
un arrêté du Lycée, on érigerait dans l'avant
salle un monument à ce grand homme infortuné, & que dans une des séances prochaines,
on prononcerait son oraison funebre. Cette
annonce fut interrompue par un applaudissement universel, & on se précipita de tout côté

Tome II.　　　　　　M

pour aller remplir la souscription ouverte pour ce monument.

Le chymiste *d'Arcet* lut ensuite un rapport pour recommander les nouveaux ouvrages de l'excellente fabrique de fayances *d'Olivier*. On présenta plusieurs ustensiles, légers & re-sistans au feu, mais de formes un peu lourdes, imitant assez heureusement les vastes étrus-ques, & des petites figures de terre cuite imi-tant le basalte. Le brave artiste parut, & re-çut de la main du président une couronne ci-vique & un éloge flatteur.

Malherbe annonça une nouvelle découverte d'un fabriquant, nommé *Tremel*, pour la fila-ture du coton, & cet inventeur, qui était pré-sent, reçut une médaille.

Vauquelin, chymiste, rendit compte d'une nouvelle préparation des cuirs très-prompte & & très-avantageuse du tanneur *Séguin*, qui reçut une couronne civique qu'il méritait bien d'après les résultats de ce nouveau procédé, qui furent communiqués.

On donna un éloge par écrit, & on procla-ma le nom d'un cultivateur pour son habileté dans l'éducation des abeilles.

Après la lecture de plusieurs autres rapports sur le charbon de terre, la culture de la soye & d'autres objets d'économie rurale, *Dumoustier* fit l'apologie de la célebre *Duboccage*, connue par le poëme de la *Colombiade* & par d'autres ouvrages, agée de quatre-vingt ans, la plus ancienne habitante du Parnasse Français. Cette vieille dame avait gagné un rhume dans l'air âpre qui souffle souvent sur l'Hélicon de France, & n'avait pas pu paraître elle-même; mais son buste posé près de la place du président, reçut de ses mains une couronne de roses entrelacée de branches de lauriers.

Vauquelin ferma la séance par un essai sur la *détonation du muriate suroxigéné de potasse.* Ce composé, versé sur une enclume & frappé avec un marteau, produit le bruit d'un pistolet médiocrement chargé; pilé dans un mortier ce sel rend un bruit continu & moins fort; mêlé dans un verre avec un acide, il s'évapore en une flamme fort belle de plusieurs couleurs.

Quarante-deuxieme Séance publique du Lycée,
le 30 *Floréal* (19 *Mai*).

Une marche militaire avec une musique très-bruyante, qui interrompit cette séance, lui donna un air d'opéra. Mais le local favorise si peu ce genre de spectacle, qu'on peut dire qu'il n'y réussit pas du tout.

Après l'ouverture d'une simphonie guerriere, qui annonçait de grandes choses, *Désaudray* monta à la tribune dans une espece d'inspiration, pour proclamer les grandes nouvelles de victoires, arrivées la veille d'Italie, la paix avec la Sardaigne, & la suspension d'armes avec Parme. L'éloge bruyant de *Buonaparte* retentit dans toutes les parties de la salle.—Qu'étaient auprès de lui les plus fameux héros de l'antiquité?—Son front couronné de lauriers atteignait le ciel!—Ce grand, audacieux héros! dont l'éternelle renommée, n'avait pas besoin de ce panégyrique, aurait dit elle-même ; c'en est trop. On éleva surtout jusqu'au ciel les ordres qu'il a donnés pour enrichir le Musée National des chefs-d'œuvre de l'Italie, & *Désaudray* ajouta assez ridiculement, que le Duc de Parme avait prouvé son *sage répentir* de s'être joint à la coalition contre la France, en présentant *de bon gré* ses trésors en ce genre comme une offrande expiatoire. " Le *triomphe*, dit l'orateur, en concluant sa déclamation ampoulée, qui fut généralement applaudie, *le triomphe est à l'ordre du jour en Italie, & bientôt nous mettrons le pied dans l'orgueilleuse basilique de St. Pierre*. La marche triomphale accompagnée d'une musique militaire très-bruyante analogue à ce bruyant discours, fut différée jusqu'à la fin de la séance. Le secrétaire annonça quelques lectures qui devaient être faites soit dans le Lycée, soit ailleurs.

Vintenas, inspecteur de la belle bibliotheque & de la collection d'antiques de *Ste. Genevieve*, lut un éloge de son prédécesseur, le célebre astronome *Pingré*, mort dernierement à quatre-vingt-quatre ans, vieillard vénérable, auprès duquel je m'étais trouvé assis peu de jours avant dans une assemblée décadaire de l'Institut National : le buste de cet estimable savant fut couronné par le président *Pelletier*.

On produisit ensuite une machine à battre le grain, inventée par le méchanicien *Gardiner*, auquel on donna une médaille, qui aurait pu être mieux employée, car il me parut, dans les essais qui furent faits après la séance, qu'outre les défauts communs à ces sortes de machines, elle en avait de particuliers, qui ne convenaient point dans la pratique. Pour mettre en mouvement cette machine, quand on voulait qu'elle travaillât vîte, il fallait deux hommes, & un troisieme pour pousser les gerbes dessous, ainsi l'épargne de la main d'œuvre n'était pas considérable. Le fléau écrasait le tuyau de l'épi, & le réduisait en trop menue paille, ce qui ne faisait aucun profit pour le cultivateur, ce qui doit cependant être le but principal d'une pareille machine.

On lut ensuite une ode sur le conquérant de l'Italie, & au moment où elle finissait, une musique militaire bruyante, à l'entrée du cirque, annonça l'arrivée d'une marche triomphante. Avec des drapeaux déployés, & des

trophées de carton peint portés sur des pi-
ques, qu'on jugeait aisément appartenir à
l'opéra, entra une bande de soldats, qui se
glissa difficilement par le milieu très-étroit des
spectateurs très-serrés, & se plaça derriere le
président, sur les dégrés de l'amphithéâtre de
l'orchestre. On respira plus librement quand le
tapage assourdissant des tambours eut cessé,
pour laisser entendre une hymne de victoire
de *Chénier*, d'une composition heureuse.

Après la lecture de cette hymne, le secrétaire général surprit l'assemblée par une scene,
qui fut d'autant mieux accueillie qu'elle n'é-
tait pas annoncée. L'artiste *Le Sueur*, le fa-
vori du public à cause de l'heureuse composition de ses deux derniers opéras, *Télémaque &*
la Caverne, qu'on donne toutes les semaines
au théâtre de la rue Faydeau, parut avoir été
découvert par hazard dans une loge éloignée,
par *Désaudray* qui l'appella, pour venir recevoir les félicitations du Lycée sur son opéra
de *Télémaque*, donné pour la premiere fois
depuis peu de jours : le modeste *Le Sueur* voulut rester assis à sa place, & même s'éloigner

tout-à-fait sur la sommation générale & plusieurs fois répétée de l'assemblée ; alors il fut saisi, & mené au travers de la salle au président, qui lui présenta une couronne que *Désaudray* lui mit par force sur la tête. Après quelques tours, *Le Sueur* ôta la couronne, & se retira de l'orchestre.

MUSÉE NATIONAL DES ARTS.

La comparaison, si fort à la mode, mais clochante à bien des égards, *de Paris* avec *l'ancienne Rome*, la ressemblance entre ces deux capitales, se manifestent d'un côté, par les monstreuses richesses en chefs-d'œuvre des arts, que les Français, à l'exemple des spoliateurs de la Grece, soit par l'usurpation des vainqueurs, soit par des conditions violemment extorquées dans les traités de paix ou de neutralité, enlevent des pays conquis, & entassent à Paris. En effet, la ressemblance entre Paris & Rome, à l'époque de sa liberté expirante & de son système de pillage, est assez frappante. Savoir si le territoire Français sera comparable à la fertilité de celui des Grecs & des Romains pour la culture du goût & les progrès du génie! Le doute à cet égard est trop fort pour être résolu d'une maniere satisfaisante par les actifs défenseurs de cette méthode équivoque de rassembler des Musées.

Les chefs d'œuvres de l'étranger, joints à un nombre infiniment plus grand des ouvrages de peinture & de sculpture tirés des bâtiments royaux & des collections des grands, ou massacrés, ou émigrés, forment une richesse nationale immense pour la partie des arts, & la fameuse galerie du Louvre est destiné pour l'emplacement des principaux d'entre ces chefs-d'œuvre. La galerie du Louvre est un des bâtiments que l'on employe pour l'exposition publique des tableaux, pour lesquels on voit que ce lieu n'a pas été destiné, mais qu'on fait servir à cet usage malgré Minerve.

Ce n'est pas seulement la disproportion d'une salle de quatorze cents pieds de long à sa hauteur & largeur, qui démontre cette impropriété, mais la fausse lumiere répandue sur les tableaux, dont pas un n'est placé dans son vrai jour. Des deux côtés de la salle la lumiere tombe par les fenêtres qui occupent toute sa hauteur, sur les tableaux placés sur les murailles intermédiaires, de manière que ceux-ci reçoivent un jour oblique, & que le spectateur peut d'autant moins choisir une place propre pour le point de vue qu'il est aveuglé par le jour de l'une des fenêtres voisines, ou de toutes les deux. Ce jour indirect de la lumiere tombant horizontalement est surtout désavantageuse aux grands tableaux qu'on y a apportés des Eglises, qui tiennent les deux tiers de la hauteur de la muraille. La plûpart ont été composés pour un emplacement fixe & pour une lumiere locale, où les peintres les ont calculés pour un jour venant de haut en bas, ainsi ils sont placés très-défavorablement pour leur perspective, & pour être vus dans toute leur beauté.

On reconnaît ce vice du Musée, mais le projet de fermer toutes les fenêtres de côté,

pour faire descendre la lumiere par des cou-
poles en vîtres, ouvertes dans toute la longueur du toît de la salle, serait trop coûteux,
& ne sera pas exécuté de sitôt *.

Dans l'étage inférieur de l'entrée, ou vis-
à-vis de la place du Louvre, près de la grande
porte, on trouve sans s'en douter l'un près de
l'autre un Marc-Aurele & un jeune Bacchus.
On voit dans ces appartements plusieurs statues, d'après l'antique, de mérite très-inégal.
Dans l'avant-cour d'une des entrées latérales
sont les quatre belles statues colossales d'esclaves de la statue brisée de Louis XIV. à la
Place des Victoires, & dans une avant-salle les
quatre plus petites d'esclaves de la statue
équestre de Henri IV. Quelques unes dans
leur déplacement, où par la fureur des Iconoclastes, ont perdu des doigts des mains &
des pieds. Sur cette entrée de l'escalier du

* La salle serait déjà beaucoup mieux éclairée, si au
moins on fermait toutes les fenêtres d'un côté ; & je con-
jecture que depuis mon départ de Paris, on aura adopté ce
moyen, en entreprenant d'améliorer cette salle.

Note de l'Auteur.

Musée sont gravés ces mots : *Musée National, monument consacré à l'étude & à l'amour des arts.*

En entrant dans l'antichambre, on donne au portier sa canne, alors s'ouvre la porte du Musée dont le spectacle ne peut pas rassasier, mais qui perd peut-être de son goût par la trop grande abondance d'objets dont on est surchargé. Des chefs-d'œuvre de toute espece environnent le curieux, & ne laissent aucun point de repos à l'œil qui n'y est pas accoutumé, qui se rassasie avidement des objets frivoles, & est distrait des vraies beautés. Dans le milieu de la salle & le long des murailles sous les tableaux sont des colonnes brisées de différentes especes de marbre, des piédestaux richement ornés de formes bonnes ou mauvaises, des tables & autres meubles de différentes sortes de pierre ou de bois, décorés de bronze, chargés d'une quantité d'autres ouvrages plus petits. Des statues grandes & petites, des bustes, des idoles, des ustensiles antiques pour les sacrifices, des vases antiques & modernes de marbre, de porcelaine, de

bronze, des raretés méchaniques, des instruments de mathématique & de physique très-
artistement travaillés, des cassettes, des boëtes,
des armoires d'un travail recherché, des modeles de temples, des ruines, des bâtiments d'architecture moderne, forment un cahos indiscer-
nable, un ensemble bigarré d'objets qui con-
trastent les uns avec les autres, dont la plûpart appartiennent à un cabinet de curiosités,
& sont déplacés dans une galerie de tableaux,
où ils dérangent l'unité, & distrayent l'attention.

C'est surtout les jours que le Musée est
ouvert au public, que se reconnaissent les
conséquences désavantageuses de cet amon-
célement d'objets incohérents : j'ai vu beaucoup de grouppes de spectateurs s'émerveiller
& s'occuper sérieusement de curieuses bagatelles, & ne jetter qu'un regard fugitif sur le
plus précieux tableaux. Ce n'est pas là la
méthode de redresser & de bien diriger le
goût frivole & peu réfléchi du public. Vraisemblablement l'Apollon du Belvédere & le Laocoon, s'ils s'égarent de Rome à Paris, placés

dans ce cahos auront le mauvais sort de se voir préférer des bagatelles qui l'entourent.

Au nom des arts, citoyens, conservons nos pro-priétés, en empêchant qui que ce soit d'y por-ter les mains. Cette priere est placée en diffé-rents endroits sur des cartons, & plusieurs ins-pecteurs sont toujours présents pour voir si on y a égard, & pour répondre avec beaucoup de complaisance aux questions des curieux.

Il n'y avait encore que la moitié de cette galerie à perte de vue décorée de tableaux, mais on travaillait à la seconde moitié, où les tableaux étaient placés les uns derriere les autres contre la muraille. Trois cents vingt-cinq pieces, la plûpart des morceaux choisis des grands maîtres des écoles Italienne, Fran-çaise, & Flamande, étaient là rangées selon leur école, & non seulement les noms des pein-tres, mais les sujets des tableaux étaient inscrits sur les cadres. Lorsque tout l'arrangement sera fini, on doit en imprimer le catalogue. Parmi ces tableaux étaient déjà une grande par-tie de ceux qu'on avait butinés en Hollande, dans les Pays-bas & sur le Rhin ; mais la plus grande moitié était encore en désordre & négligée.

Le Musée est ouvert pour le public trois jours de chaque décade : on y laisse entrer tous les jours les étrangers & les artistes. On ne paye aucune rétribution, & on y reçoit un fort bon accueil. Dès qu'un artiste désire copier un tableau, & ils sont toujours en grand nombre, on le descend, & on le place sur un chevalet.

L'été dernier le Musée était fermé, parce qu'on y faisait un nouveau plancher & d'autres réparations, pendant ce tems on avait placé dans l'avant-salle de la galerie un choix des meilleurs maîtres de chaque école. Cette salle recevait sa lumiere par un toît vîtré, & l'objet de la commission du Musée dans cette disposition était de rendre sensible l'avantage de cette maniere de recevoir la lumiere, & elle réussit à réunir les suffrages du public. Mais d'un autre côté elle s'était attiré le blâme des amis des arts, dont le goût était raisonné, en proposant de placer des glaces de miroir devant les tableaux les plus délicats des peintres Flamans, *Ostade*, *Van-der-Verf*, *Teniers*, *Van-Huysum*, *Cherburgh*, & même devant un *Rubens* de quatre pieds de large, pour empêcher qu'on ne les endommageât en les copiant. Lorsqu'on a reproché à bon droit à l'ancienne école Française qu'elle n'exécutait pas ce qui convenait à Minerve, ce reproche se réproduit avec encore plus de raison à l'occasion du malheureux expédient trouvé par les descendans de cette école, qui dénaturent les tableaux par cette absurde précaution. Le jeune artiste, en copiant, doit étudier l'original, & on lui en dérobe les moyens. Le caraĉtere de la peinture derriere cette glace épaisse perd ses propriétés, le génie du maître est effacé, sa maniere est altérée, même le ton des couleurs est méconnaissable, & certaines couleurs changent entierement, parce que le contaĉt de l'air extérieur est intercepté. La sûreté du coup d'œil est dérangée de toute maniere par cette surface unie & luisante qui répand un faux jour sur le tableau. Un membre de la commission, à qui je faisais quelques unes de ces remarques le plus dis-

cretement qu'il m'était possible, me répondit
par un silence important ; & j'eus obligation
à l'urbanité Française de ne pas recevoir une
correction sévere sur mon peu de discerne-
ment.

Le plan d'aggrandissement du Musée est
d'une très-grande étendue, pour faire place à
cette grande provision de chefs-d'œuvre & surtout au nouvel envoi d'Italie. L'architecte *De
Wailly*, qui a exécuté le beau *Théâtre Français*,
fauxbourg *Germain*, travaille à ce plan que j'ai vu
entre ses mains. Les salles, richement décorées
du tems d'Henri IV. à l'étage au dessous de la
galerie, doivent être arrangées en Musée pour
les sculptures antiques & modernes. On doit
ôter les murailles de séparation de ces salles,
& les remplacer par des colonnes des plus
beaux marbres qu'on tient en magazin dans
les dépôts nationaux des monuments. On ap-
percevra tout l'ensemble au travers de ces
colonnades multipliées. Au milieu de chaque
division sera placé une statue principale, comme Apollon, Laocoon, Antinous, qui donnera

Tome II.   N

son nom à chaque salle. Au dessus de cet étage, il y aura encore une grande salle pour les tableaux des peintres vivans, & une troisieme pour la collection nationale des desseins, dans laquelle les cartons de *Raphael*, butinés à Milan, tiendront la premiere place.

Le plan de *Buonaparte* de dépouiller l'Italie de tous ses chefs-d'œuvre, & de transplanter dans un climat étranger les antiquités Grecques, naturalisées dans cette belle contrée par la possession millénaire, était l'objet général des conversations. Je vis partir des commissaires pour aller former à Rome un tribunal d'inquisition pour les chefs-d'œuvre de l'art, & très-peu des gens enviaient leur mission. Plusieurs journaux prenaient les armes pour défendre cette disposition ; mais à Paris l'opinion publique était très-partagée. Quelques-uns des meilleurs journaux Allemans ont exposé les raisons très-graves, d'après lesquelles les Allemans, & beaucoup de Français, prévoyans & raisonnables, combattaient ce projet. L'opinion très-publique & défavorable des savans & des artistes Parisiens a été repoussée par l'autorité, ou combattue par des sophismes.

Je ne veux pas me jetter dans la répétition des raisons solides d'après lesquelles on blâmait cette entreprise, ni des défenses sophistiques de ses partisans, étrangers à la voix de la justice sur l'usurpation de la propriété d'une nation ; ces hommes injustes, soit par ignorance, soit par un zele ultra-patriotique, rejettent tous les motifs présentés par les meilleurs artistes, dont le patriotisme n'est pas douteux, surtout contre le déplacement des sculptures chefs-d'œuvre de la Grece, qui me paraissent appartenir nécessairement à ce territoire classique, où peuvent exclusivement se former les disciples des arts de la Grece.

Le peintre *David*, dont la réputation comme artiste est si grande, & le patriotisme excentrique si décidé, lui qui profondément initié dans la maniere des anciens, ramene les arts en France à l'étude de l'antique, *David* lui-même a été un des antagonistes les plus déclarés de ce projet, & un des premiers parmi les artistes qui a souscrit le mémoire présenté au Directoire pour s'y opposer.

Des écrivaines ultra-patriotiques & des journalistes ont comparé *Buonaparte* aux conquérans spoliateurs de la Grece, à cause de son zele outré pour l'accumulation exclusive des arts en France, & ont fait tort par cette assimilation à sa réputation bien acquise d'ailleurs. La suite nous apprendra si le traité fait avec Pie VI. pour la livraison forcée des plus belles statues sera exécuté, & si le peuple Romain verra tranquillement l'enlevement de cette propriété nationale. Dans beaucoup d'habitans de Rome l'esprit des anciens Romains n'est pas entierement éteint, & la cupidité Romaine n'oublie pas de quel prix sont pour elle les chefs-d'œuvre qu'elle possede, par l'affluence des étrangers qu'ils attirent.

Il y a douze ans, pendant mon séjour à Rome, le peuple ayant appris que le Roi de Naples voulait faire transporter dans sa capitale les précieuses antiques du Palais Farneze qui sont sa propriété, il s'éleva un murmure universel contre cette entreprise ; le

Gouvernement eut beaucoup de peine a faire comprendre au peuple la justice de cette prétention, & à l'empêcher d'en venir aux voyes de fait, lorsque les statues partirent pour Naples. Ainsi il est douteux si le peuple, animé par sa haîne invétérée contre les Français, vôudra remplir cette dure sommation de *Buonaparte*, à moins que ce terrible vainqueur ne paraisse aux portes de Rome, & ne tranche la question avec son glaive triomphant—& cette crise est vraisemblablement très-prochaine*.

Un artiste, qui a quitté Rome l'automne dernier, m'a raconté qu'alors il régnait une irritation générale sur cette entreprise, & que les commissaires Français avaient passé quelques semaines enfermés sans ôser sortir de leur maison. Une partie des statues du Vatican, choisies par les commissaires, était déjà emballée, sans qu'eux mêmes sussent quand, ni comment pourrait s'en faire l'enlévement; d'ailleurs on regardait ce transport comme impossible à l'égard de quelques statues co-

* J'écrivais cela le 20 Février 1797.

lossales d'un poids énorme. Le peuple s'imaginait qu'en cas que chaque point du traité, prêt alors à se conclure ne fut pas rempli, l'armée victorieuse des Français paraitrait devant les portes de Rome.

Un jour le bruit se répandit tout à coup qu'un corps de l'armée Française était en marche contre Rome, le peuple s'assembla tumultuairement sur les places, menaçent de piller les maisons des grands, pour, disait la populace, prévenir les Français, & ne leur laisser rien à prendre. Le soulevement était tout prêt, le gouvernement dans la plus grande inquiétude, lorsque la finesse de l'infaillible Pie VI. s'interposa, & appaisa la sédition sans employer les moyens répressifs de la police.—" *Les images de Marie pleurent !*" fut proclamé dans les places. La tourbe féroce fut effrayée; on alla dans les églises pour se convaincre du miracle par ses propres yeux. —Admirez! les images de Marie pleuraient! —*Malheur à nous, misérables!*—Une voix du ciel n'aurait pas été plus efficace. De la rage les séditieux passerent vîte au repentir, & se

soumirent en tremblant à des pénitences publiques. Ils chargerent leur corps demi nuds
de chaînes pesantes, les traînerent dans les
rues, formant de longues processions nocturnes, se déchirant avec des disciplines, &
heurlant : *grâce, Sainte Marie, grâce !*—Quand
cette momerie fanatique eut duré quelques
jours, on entendit retentir une seconde pro-
clamation de l'infaillible, disant que les images de la Vierge étaient appaisées & avaient
cessé de pleurer.—Et le peuple rentra dans sa
maison !

DÉPÔTS NATIONAUX DES MONUMENTS DES ARTS *.

" L'anarchie, la frénésie, l'ignorance la plus brutale, l'esprit d'avarice, d'usure & de pillage

* L'auteur a cru devoir faire précéder la traduction de ce chapître important par un fragment qu'il a cru devoir pareillement insérer dans plusieurs journaux, par forme de rétroaction, pour réparer l'erreur d'un moment dans laquelle il est tombé lui-même, en désignant sous le nom de *Vandalisme* les destructions de monuments des arts, opérées principalement en 1792 et 1793, par cette *barbarie Française*. L'auteur a reçu, à ce sujet, d'un des plus célèbres professeurs d'histoire en Allemagne, de Mr. *Schloezer*, de l'université de Gottingue, une lettre, dont voici l'exacte rédaction. Il a cru devoir satisfaire à la juste demande de ce savant par sa profession de foi sur la fausse dénomination de *Vandalisme*.

" *Gottingen* 20 *Juin* 1797.

" Digne homme *Allemand !* cessez d'être injuste envers un peuple *Allemand*, et d'appeller *Vandalisme* les horreurs que les nouveaux FRANCS de la dernière Convention ont commis dans leur patrie. Je connais les Vandales intimement, même de source, et non pas seulement par Mascou, Histoire des Allemands ; Stritter, Memoriæ Populorum ad avaient répandu en France, après la chûte du trône, un excès de désordres dégoûtans, pour l'expression duquel on chercherait en vain dans

Danubium, T. 1. et jusqu'à ce moment je n'ai trouvé nulle part un seul mot, qui prouve que les Vandales ayent jamais détruit à dessein des chefs-d'œuvre de l'art, surtout antiques, non plus que les Goths, quoique des ignorants en accusent généralement ces deux peuples. Au contraire, les Vandales étaient connaisseurs & admirateurs des monuments des arts. *Genseric* en fit provision, mais seulement à Rome, tout comme le Général *Buonaparte* partout en Italie, & comme les Romains firent en Grece long tems avant ces deux. Qu'un navire entièrement chargé de statues antiques pour Carthage ait péri, ce n'était pas sa faute. Ou instruisez-moi donc pas des faits historiques, qui peut-être me sont restés inconnus ; ou bien faites expressément et publiquement une réparation d'honneur aux *Vandales*, et empêchez par là que l'autorité littéraire que vous possédez n'égare d'autres auteurs et ne les conduise à la même injustice. Mais nous avons besoin d'un mot, qui exprime l'idée que les auteurs Français et vous combinent avec *Vandalisme* ; cherchez-le, vous ! toute ma connaissance de l'histoire du monde, des hommes, des barbares et des cannibales, ne m'en fournit pas un à vous proposer pour donner dans ce cas-ci le parallele des faits anciens et modernes. Pour la premiere fois Salomon a tort avec son : *nil novi sub sole !*

" Signé   SCHLOEZER."

les langues anciennes & modernes un terme
qui put en désigner l'horreur. Il a plu à
quelques néologues révolutionnaires de créer
un mot exprès. Voulant désigner la barbarie,
sans exemple dans l'histoire de leurs compatriotes, contemporains du philosophique dix-
huitieme siecle, cette rage de destruction, flé-
trissante pour les nouveaux Francs, contre les
monuments des arts & de génie, ils l'ont nommée *Vandalisme.*

" Il est du devoir d'un auteur *Allemand* de
sauver un peuple *Allemand* de cette flétris-
sure, & de lui ôter cette tâche imprimée par
la dénomination trouvée par les savans Français. C'est son devoir de dire hautement aux
hommes qui sont en possession de l'autorité
en France, que cette dénomination, injurieuse
pour un peuple Allemand, n'exprime point
ce qu'on a voulu désigner, qu'elle n'est appuyée que sur un bruit historique vague & sur
une opinion mal fondée.

" Nous ne pouvons, & ne voulons pas dés-
avouer, contre le témoignage de l'histoire, que
les peuples Allemands qui ont inondé & vain-

cu l'Italie dans le cinquieme & sixieme siecles & nommément les *Vandales*, sous la banniere de la victoire, ne se soient permis le pillage, la destruction & les excès de toute espece. Nous ne voulons pas excuser ce que dans notre siecle éclairé nous nommons des cruautés barbares, en les rejettant sur l'esprit du siecle où elles ont été commises & sur le caractere grossier de ces peuples guerriers. Taisons nous plutôt sur ces objets, en observant qu'en lisant l'histoire des guerres de notre siecle, qui ont désolé l'Europe, nous trouvons, parmi des peuples incomparablement plus policés, des objets de comparaison, dont le parallele présente, hélas! des résultats bien pires.

" Mais nous nions que les *Vandales* se soient rendus coupables des excès monstrueux qu'on a voulu exprimer par le mot *Vandalisme*. Non, jamais ils n'ont anéanti, de propos délibéré, en Italie, les monuments des arts, & surtout ceux qui portaient le caractere auguste de l'antiquité, & qui étaient devenus sacrés par une existence des siecles.

Non, jamais ils n'ont exercé dans *les pays qu'ils ont conquis* les cruelles dévastations que les hordes barbares des Français ont commises *dans le propre sein de leur patrie*, dont l'estimable *Grégoire* a présenté les détails & les preuves à la Convention Nationale, dans son rapport du 14 Fructidor de l'an 2, sur les déstructions du Vandalisme & sur les moyens de le réprimer.

" Certainement on ne peut pas faire entrer ces dévastateurs de leur propre pays en comparaison avec les meilleurs peuples Allemands de l'antiquité. Au contraire, ces *Vandales*, si injuriés, étaient connaisseurs & admirateurs des monuments des arts. Quand le roi des Vandales, *Génseric*, l'homme le plus grand du sixieme siecle, eut conquis Rome, il fit emballer une quantité de chefs-d'œuvre, & les fit embarquer pour Carthage. Malheureusement un des vaisseaux entierement chargé de statues précieuses, coula à fonds.

" Une loi des *Varins*, peuple de l'Allemagne ancienne sur la mer Baltique, dit : *quiconque blessera la main d'un maître de harpe recevra une punition quatre fois plus forte que celui qui aura blessé la main d'un disciple.* Je vous le demande, Français, qui prouve mieux que cette loi la vénération & le goût de ces soi-disant barbares pour les arts qui adoucis‐sent les mœurs ? Combien un tel peuple est supérieur à ces barbares forcenés qui ont violé dans leur patrie les temples des sciences & des arts, qui en ont saccagé plusieurs, qui ont égorgé les ministres de ces temples ! Non, l'histoire des barbares ne présente aucun fait pareil, qui puisse établir le parallele de l'anti‐quité avec le tems présent.

Hé bien, estimables savans Français, vous dont j'ai si souvent appris à connaître & à priser la grandeur d'ame, cessez d'être in‐justes envers un ancien peuple Allemand & de désigner des infamies inouies dans l'his‐toire par la dénomination incorrecte de *Van‐dalisme.*

" Citoyens, c'est un acte de justice que je vous demande, c'est une réparation que vous devez à un peuple libre de l'Allemagne. A‐vouez votre tort, & redressez-le. Faites à ce peuple une réparation d'honneur autentique, afin que l'autorité littéraire dont vous êtes en possession ne perpétue pas cette injustice; car, cette dénomination de *Vandalisme*, appliquée par vous, est déjà généralement répandue parmi vos concitoyens; imposez vous-mêmes un autre nom à ces infamies flétrissantes de vos compatriotes, que les Allemands désignent comme l'excès de barbarie d'une tourbe dégénérée d'un grand peuple, indigne de faire corps avec les Français éclairés du dix-huitieme siecle."

La rage barbare de destruction a produit en France un dommage incalculable, & qu'on ne pourra jamais réparer. Les statues des rois & des grands furent brisées, d'autres statues, antiques, ou modernes, furent renversées, ou au moins mutilées; les riches bibliotheques, les collections les plus rares de manuscrits furent volées, dissipées, vendues à bas prix dans des encheres publiques; les plus belles collections de monnoyes anciennes & nouvelles furent fondues; les cabinets de pierres travaillées furent volés, les plus beaux chefs-d'œuvre de méchanique furent brisés ; les tableaux déchirés, ou brûlés. La rage des dévastateurs s'exerça long-tems dans les temples des arts & des sciences sans être réprimée. On ne peut pas lire sans frémir d'horreur l'affligeant tableau que *Grégoire* a tracé dans son rapport sur cette frénésie destructrice.

Les destructeurs avaient trouvé un prétexte plausible dans le décret de la Convention qui ordonnait l'anéantissement de tous les signes de l'ancienne féodalité & de la royauté. Les injures & les propos méprisants lancés tous les jours contre les sciences, les savans & les ouvrages du génie par les plus méprisables des hommes dans la tribune de cet aveugle sénat du peuple & dans les tribunaux révolutionnaires, allumaient les torches avec lesquelles ces nouveaux Erostrates se précipitaient dans le sanctuaire des sciences & des arts pour le consumer. Les mesures que l'on prit enfin pour s'opposer à cet incendie furent trop faibles pour l'arrêter rapidement. Les loix furent méprisées, les ordres ne furent pas suivis.

La tourbe féroce de la populace, agitée par les furies de l'enfer, surpassa les excès des hordes d'Attila en Italie, car enfin ces grossiers barbares étrangers ne dévastaient que des pays conquis. Ici les Français détruisaient leur propre patrie. Ce que les arts avaient produit de grand & de beau dans l'espace de plusieurs siecles fut irrévocablement anéanti en un tems très-court. Dans le département de Paris seul, on estime la perte au delà de dix millions.

Cependant, après de longs & vains efforts, *la commission temporaire des arts*, parvint à sauver ce qui avait échappé à la hache républicaine, c'est ainsi que le forcené *Hébert* nommait cette œuvre de destruction. Plusieurs dépôts furent destinés à sauver à l'avenir les monuments des arts, qui jusqu'à nouvel ordre y furent apportés des Eglises, des couvents, des palais & des jardins ; cette mesure ne fut que trop bien exécutée aux dépens de tout endroit orné. L'extérieur de la plûpart des Eglises, dépouillées de leur parure, presente un coup d'œil triste, qui ne rappelle que trop vivement cette époque funeste de la ruine générale de la France. On y avait encore laissé dans le même état, sans y faire la moindre réparation, les places contre les murs d'où on avait enlevé les tombeaux & les monuments, & on les voyait dans cet état de destruction; de grands tas de décombres étaient tout autour; le pavé, d'où l'on avait arraché les colonnes de marbres & les balustrades, était brisé & déplacé; les autels dépouillés des bas reliefs & des autres revêtements de marbre étaient anéantis; les fenêtres des églises, dont les vîtraux étaient autrefois supérieurement bien peints, étaient entièrement brisées, & on ne les avait encore réparées qu'en partie; un des plus beaux ouvrages de *Pigal* était près du grand autel de *St. Sulpice,* une vierge colossale avec son enfant, portée sur des nuées. Elle existait encore, mais dans quel état! on avait coupé la tête de l'enfant, la statue elle-même était endommagée en plusieurs endroits, & le groupe des nuées avec les colonnes qui l'appuyaient était à moitié brisé. La première impression

Tome II.　　　　　O

de cet effroyable spectacle & des monceaux de décombres qui sont encore dans cette église, ne s'effacera jamais de mon âme. L'excellent organiste *Séjan* m'avait invité avec mes amis à un concert d'orgues qu'il nous donnait par complaisance. Pendant que les sons majestueux roulaient & retentissaient dans les voûtes de l'église, j'errais dans les nefs vuides & dans les chapelles, je voyais la destruction, les ruines des chapelles, les ruines des tombeaux. Les paroles me manquent pour exprimer mes sensations à ce spectacle lugubre.

On a établi à Paris plusieurs *dépôts des monuments des arts.* Les deux plus riches sont dans le ci-devant couvent *des petits Augustins,* dans la rue du même nom, & dans l'hôtel du *Marquis de Nefle,* sur le quay de *Voltaire.*

Le premier de ces dépôts, appellé à présent, *Musée des Monuments Français,* est entièrement rempli d'un amas inextricable de pièces de sculpture, & tous les jours on y transporte sur des chariots & des tombereaux,

des héros, des apôtres & des saints qu'on dé-
pose étendus dans le cimetiere. On apper-
çoit facilement que ces dispositions ont été
faites dans un tems de besoin pressé, car l'ensemble ressemble plus à un magazin entassé
qu'à un musée bien ordonné. L'église, les
vestibules, les salles, les cours, le jardin sont
pleins de tombeaux, de monuments, de pierres funéraires, de groupes, de statues grandes
& petites, en bronze, en marbre, en plomb,
en plâtre. Des rois, des Christ, des martyrs, des
saints, des apôtres, des héros, des anges, des
hommes d'état, des moines, des nonnes, des
savants, des figures allégoriques pêle-mêle—
des bas-reliefs, des antiques, des figures modelées modernes, de sarcophages, des obélis-
ques, des colonnes, des vases, des inscriptions,
&c.....il est impossible de nommer de suite cet
amas très-mélangé d'objets contrastans, très-
inégaux en valeur, en travail & en importance.

L'inspecteur de cette collection a fait imprimer un catalogue raisonné contenant environ cinq-cents pieces, mais très-incomplet

par l'apport journalier d'autres pieces pour lesquelles la place lui manque. Ce catalogue est composé dans un ordre chronologique & synchronistique du tems, de l'époque & des pays où ces monuments ont été produits. Cet ordre a son utilité pour l'histoire des arts, mais le mélange des objets en est d'autant plus bigarré & plus ridicule. On y voit des travaux de l'enfance la plus grossiere des arts à côté des ouvrages les plus finis de l'Italie, les difformités gothiques accouplées avec des beautés idéales, des ébauches de tailleurs de pierre vis-à-vis des statues les plus parfaites, Des figures grotesques de nonnes, de moines, de porte croix, se trouvent en société avec des héros & des savans Un Christ expirant sur la croix, sa mere éplorée sont tout près d'un Bacchus ivre, d'un Faune moqueur, ou d'une Venus *Pandémos*.

Le bâtiment du couvent, très-obscur, est très-défavorable à l'exposition de tous ces monuments. L'église seule procure une vue libre pour les statues, & le jour en est assez bon. Mais tout y est trop entassé, & on a eu la malheureuse idée d'y pendre tout autour contre les murailles une grande quantité de bons tableaux d'écoles Italienne & Flamande, qui couvrent à moitié plusieurs chapelles, dans lesquelles sont de grands groupes de marbre, de maniere que pour arriver à ces derniers, il faut se glisser derriere & dessous les tableaux. Il n'est pas possible d'examiner tout ce qui est exposé dans les salles, dans les corridors & dans les cloîtres antiques, étroits bas & sombres. On a même exposé un rang de statues, devant les fenêtres, & le peu de lumiere qu'ils reçoivent par derriere est encore beaucoup affaibli pour le reste de l'exposition. Plusieurs statues colossales destinées pour de hautes voûtes d'églises touchent avec leurs têtes le plafond bas de ces détestables cloîtres.

Dans l'église sont les trois chefs-d'œuvre de la sculpture Française, les célebres tombeaux de *Richelieu* de *Girardon*, de *Mazarin*, de *Coicevoz* & du *Curé de St. Sulpice* de *Michel Ange-Slotz*. La superbe statue de *Richelieu* porte les traces de la rage des iconoclastes, on

a cassé quelques doigts de sa main étendue.
Dans la même salle sont les tombeaux royaux
de *St. Denis*, dispersés pêle-mêle avec des
pierres funéraires & des figures nues de rois
& de reines. Dans la salle la plus obscure
sont les antiques du jardin du Richelieu,
&c.

Dans le même musée on conserve une collection très-précieuse des *peintures sur verre*
des églises de Paris & les plus beaux chefs-
d'œuvre de ce genre. Cette très-rare collection serait au moins le double de ce qu'elle
est, si une grande partie des fenêtres qui en
étaient décorées n'avaient pas été brisées par
les mains barbares de ces bandits pour en voler les plombs.

Dans les cours & dans le jardin sont placées
dans un goût assez romantique des statues
médiocres mêlées avec des meilleures, exposées
à toutes les inclémences de l'air. Le vieux
jardin, surtout, rempli de broussailles & de
mauvaises herbes, est garni presque partout de
groupes de statues qui ont appartenu à des
tombeaux. Sur les murailles sont posées de
mauvaises statues d'apôtres, de saints & autres

semblables. Dans l'épaisseur des bosquets on voit un guerrier armé de toutes pieces à génoux devant un moine en priere, ou un robuste chevalier à côté d'une nonne qui paye au ciel son vœu de virginité. L'idée plaisante se présente d'abord à la vue de l'originalité de ces fantaisies. L'avant-cour est décorée dans le même goût. Des chevaliers agenouillés sur le gazon, planté de pins, des pierres funéraires, des inscriptions, des bas-reliefs, des statues colossales de saints, le tout pêle-mêle,

Ce musée est ouvert pour le public tous les troisieme & sixieme jours de chaque décade, on y laisse entrer les étrangers tous les jours.

L'autre dépôt, dans l'*Hôtel de Nesle*, consiste en un mélange de chefs-d'œuvre de toute espece, propriété des massacrés, ou des émigrés. Il n'est point public, & on ne le montre aux étrangers que sur une récommandation particuliere. On paraît ne pas le considérer encore comme une propriété acquise à la nation, & si un jour la voix de la justice décide sans prévention, la nation rendra ces richesses aux parents encore vivans ou aux héritiers des premiers propriétaires. Déjà la séparation des pieces & le soin qu'on a eu d'y attacher sur des billets les noms des propriétaires, comme, *emigré, Choiseul; condamné, Ste. Amarante,* &c. me paraît une préparation à cet acle de justice & de modération. Cette pensée adoucit la sensation douloureuse qu'inspire la vue de cette spoliation des propriétés particulieres. Dans une enfilade de huit salles sont les chefs-d'œuvres des meilleurs peintres des écoles Italienne, Flamande, Allemande, Française & Anglaise, & une quantité de sculptures de bronze & de marbre, des vases précieux, des étrusques, mosaïques, meubles de toute espece & d'un excellent travail. Il s'y trouve aussi une collection des estampes les plus rares. Sur l'escalier dans les avant-salles & à l'étage inférieur de ce superbe hôtel, sont beaucoup de statues, de bustes, de vases, dont la plûpart décelent leur origine Italienne.

Le *Dépôt de Physique & Machines,* dans la rue de l'université, contient un très-grand nombre encore en désordre d'instruments de physique & de modeles, parmi lesquels plusieurs viennent du cabinet d'Orange. Il y a un admirable appareil complet pour l'artillerie, consistant en instruments & modeles de gros canon, &c. Cette collection doit être à l'avenir divisée dans les différents instituts de Paris pour l'usage d'instruction. Tant que ce dépôt n'est pas mis en ordre, il n'est point ouvert au public, non plus que le *magazin des modeles*, rue *Charonne*, fauxbourg *Antoine*. Cette derniere collection est sur-tout remarquable, parce qu'elle contient les instruments & les grandes machines trouvées & employées par *Vaucanson*, dans la maison duquel on les conserve jusqu'à ce qu'on ait trouvé un plus grand local.

Parmi les principales machines méchaniques de *Vaucanson*, dont la nation a acheté la succession, est une table de tourneur d'un acier poli, très-compliquée, avec laquelle on fait tous les ouvrages de tour, sans autre instrument, par le simple méchanisme de cet unique instrument mis, en activité & modifié d'une

maniere ou d'autre : en outre un instrument
pour fabriquer les gourmettes des brides de
chevaux, dont le triple mouvement plie le fil
de fer en chaînons, l'entrelace, & le coupe.
La collection des modeles est considérable,
mais jusqu'à présent elle n'est ni bien ordon-
née, ni bien entretenue.

D'après un plan présenté à la Convention
par *Grégoire*, au nom de la commission des
arts, les deux dépôts d'instruments & de modeles, joints à l'apparat complet des ci-devant
académies & le cabinet d'Orléans formeront
une collection grande & complete des inventions étrangeres & nationales. On doit réunir
dans cette collection les machines & les instruments de tous les arts qui regardent la
nourriture, l'habillement & l'habitation de
l'homme, on y joindra une collection d'épreuves
de tous les produits de ces machines & une
collection de desseins & de livres analogues.
Les professeurs & dessinateurs qui seront placés à ce futur *Conservatoire des arts & métiers*,
donneront des instructions sur la composition
des meilleures machines & sur leur emploi.

Ce plan qui à pour but l'avancement de l'agriculture & de tous les arts méch uiques, n'est pas encore mis en exécution, mais l'imperturbable activité de *Grégoire* m'est garant de sa réussite.

LE PEINTRE DAVID.

J'ai cherché la connaissance de *David*, du plus grand peintre d'histoire vivant, & non pas du politique, excentrique, fanatique, & partisan de *Robespierre*. Je l'ai trouvé, je l'ai vu souvent travailler & j'allais avec un plaisir infini dans son bel attelier du Louvre, sans m'embarrasser de ce que disaient des mignons aristocrates, sans goût pour les arts, sur ma fréquentation avec le *monstre hideux, grosse joue* *, ou tel autre nom injurieux qu'ils lui donnaient, très-indifférents s'ils reculaient

---

* David à une grosseur dure sur une joue, ce qui lui a attiré ce sobriquet.

d'effroi, lorsque je leur avouais que j'avais été chez *David*.

Sublimité dans l'imagination, grandeur dans l'invention, noble simplicité dans la composition, vérité dans l'expression, justesse dans le dessein, beauté des formes, chaleur de coloris, harmonie des couleurs ; quand toutes ces propriétés se réunissent dans les ouvrages d'un peintre, on peut dire que c'est un grand peintre, & elles sont toutes réunies dans les tableaux achevés de *David*. Je crois inutile de déclarer que parmi ces ouvrages *achevés* je ne compte pas une mort de *Marat*, quelque grand que puisse être le mérite relatif de l'artiste dans ce tableau & dans d'autres sujets révolutionnaires traités par *David*, je ne les ai pas vus.

C'est à *David* & à ses éleves que l'école Française à l'obligation de s'être relevée de sa décadence, du retour à l'étude de l'antique, & de la réunion du beau idéal avec l'imitation de la belle nature. J'ai vu son *Junius Brutus* & ses *Horaces*. Combien de fois je me suis nourri de cette vue, je me suis échauffé aux rayons de son génie !—mais, d'abord un mot sur l'homme même.

David me reçut avec une prévenance confiante & sans prétention, qu'on ne rencontre pas toujours envers les étrangers dans les artistes Français, bons ou médiocres ; & il me confia souvent la clef de son grand attelier que je lui demandais pour aller contempler son *Brutus*, ou ses *Horaces*, pendant qu'il travaillait dans une autre chambre éloignée. La tête de *David* n'est pas encore entierement libre de sa frénésie politique, quoiqu'il vive isolé & entierement occupé de son art. Quelquefois dans une conversation qui n'y avait pas rapport, il glissait légerement sur les matieres politiques, aussitôt il se plongeait dans un silence sombre, dont on avait de la peine à le réveiller pour le ramener sur les détails de son art : mais il souffrait alors que je le fisse souvenir que ce n'était pas au ci-devant député de la convention, mais à l'artiste que je venais faire visite, que son attelier était, &

aurait toujours dû être le seul théâtre de ses occupations.

L'artiste qui sort du cercle qui lui est circonscrit par son talent, pour se jetter dans une sphere étrangere, n'est jamais à sa place. On ne peut donc que plaindre un homme qui avec un tête de feu & une imagination ardente, se jette dans la politique, & s'éleve jusqu'à prendre parti dans un gouvernement révolutionnaire, surtout dans une époque où toutes les passions déchaînées sont en opposition ; alors sa tête le perd.

Le crédule *David* se laissa tromper, par le masque de *Robespierre*, son imagination déréglée, incapable d'un examen calme, vît en lui le patriote zélé, le sauveur de la patrie, le grand homme. Combien il était aveugle ! *Robespierre*, sous l'apparence de l'amitié, & avec le talent qui lui était propre de dominer ses partisans, travaillait à employer à ses fins l'amitié de *David*, que son talent supérieur rendait important, & *David* tomba dans le piége du tyran adroit. Même son goût si pur autrefois dans son art se gâta à cette époque ; & dégénéra en un genre colossal ridicule. On connaît les monstrueux projets de *David* pour les monuments de la liberté, & ses plans abâtardis pour les fêtes nationales. Ses décisions en matiere d'art étaient des loix, il y régnait sans restriction. Le fanatisme politique l'entraîna.

Rousseau a raison, quand il dit dans ses Confessions, qu'il est dans la vie des moments d'un certain délire, d'après lesquels il ne faut pas juger & condamner les hommes. Pourquoi n'appliquerait-on pas cet axiôme en faveur de *David?* Il agissait alors comme un frénétique, mais non pas par cupidité, comme beaucoup d'autres révolutionnaires. Il refusa tous les présents qui lui furent donnés par la Convention pour ses plans & ses tableaux, ou il les distribua à de pauvres artistes. On reproche à *David* de s'être mis à la tête des iconoclastes, par jalousie d'artiste, pour anéantir des chefs-d'œuvre antiques, qui surpassaient son talent. Je crois ce reproche ridicule & malfondé, autant que j'ai appris à connaître

David, ayent souvent entendu de sa bouche les éloges des autres artistes, même des étrangers ; mais on ne peut pas se dissimuler que par son influence il aurait pu arrêter plutôt la rage des iconoclastes de Paris. On l'accuse d'avoir abusé de son crédit auprès de *Robespierre* pour faire languir plusieurs artistes dans les cachots & même pour en faire guillotiner plusieurs. *On le dit*, mais personne n'a pu me donner des preuves évidentes de cette sanglante accusation, quand je les ai exigées. La grande supériorité de *David*, commme artiste, afflige beaucoup de ses cohabitans du Louvre, qui ne peuvent pas se mesurer avec lui, & ils en sont plus acharnés à le dénigrer par les imputations les plus odieuses. Mais il y aurait trop de désavantage à disputer contre les opinions, vraies ou fausses, que la passion produit contre cet homme, qui n'y a fourni que trop de motifs. On ne peut pas entreprendre de le défendre ; c'est pourquoi je parle avec plus d'intérêt *du grand peintre.*

David refusa d'abord la place, qui lui fut

conférée par le Directoire, de membre de l'Institut National des sciences & des arts, parce qu'il craignit de se trouver de nouveau embarrassé dans les emplois publics ; mais on lui fit comprendre que les arts n'avaient rien de commun avec la politique ; il accepta la place, & ne négligea aucune séance de sa classe. Son talent & ses éleves l'avaient sauvé de la guillotine après la chûte de *Robespierre,* & il en avait été quitte pour la prison.

L'attelier de *David* au Louvre est le plus beau & le plus brillant musée des arts. Les murailles de plâtre figuré en marbre poli, sont ornés de bas-reliefs de bustes & d'ornements antiques. Tout autour, dans un désordre apparent, sont placés des plâtres de statues Grecques, & les deux grands tableaux historiques, *Brutus* & les *Horaces* sont placés vis-à-vis l'un de l'autre. Il m'est impossible de rendre l'impression que m'a fait la vue de ces deux admirables chefs-d'œuvre ; je vais seulement essayer de développer le beau plan du premier de ces deux tableaux.

La composition du *Junius Brutus* est en-

tierement poétique : jamais le poëte n'a se-
couru le peintre avec plus de succès, & jamais le spectateur n'a été plus séduit par cette
belle union. Le héros fondateur de la République Romaine sacrifia ses fils convaincus
de trahison, à Rome pour la sauver, & par
cette action ce pere de la patrie sembla adopter le peuple Romain *. Avec cette pensée
consolante, ce juge inflexible de ses fils, après
l'exécution de la sentence, s'est retiré dans sa
maison, où il avait laissé sa femme & ses deux
filles †. C'est ce moment qu'a fixé *David*
dans sa composition.

Dans le vestibule de la maison est la divi-
nité protectrice de la patrie, *Dea Roma.* De-

---

* Florus, l. 9. Quippe cum studere revocandis in ur-
bem regibus, liberos suos comperisset, protraxit in forum,
& concione media virgis cecidit, & securi percussit : ut
plane *publicus parens, in locum liberatum, adoptasse sibi popu-
lum videretur.*   *Note de l'Auteur.*

† Comme dans plusieurs morceaux de l'histoire Romaine il est question des descendants de Brutus, le peintre
lui a donné des filles, quoique le passage de Florus semble
dire le contraire.   *Note de l'Auteur.*

vant elle le pere s'est sacrifié, & a juré d'être juge. Il est assis, affaissé, sur le piedéstal de la statue, sa tête pensive est appuyée sur sa main, son visage exprime une mâle sévérité & un calme stoïque. Le lieu où *Brutus* s'est retiré est un coin du côté droit du vestibule, & n'est éclairé qu'à demi. Hors de l'intérieur de la maison est sortie avec ses deux filles, la mere, d'une beauté *idéale*, pour apprendre de ce juge-pere le sort de ses enfans, & elle voit !—devant la porte paraissent des licteurs qui portent sur un brancard le cadavre sanglant d'un de ses fils.

Ce moment d'action dans le tableau fait frissonner. *Brutus* réveillé de ses profondes réflexions par le bruit de ce convoy funebre, a levé sa tête appuyée dans l'acte précédent, & regarde fixement devant lui. La contenance de son corps trahit un combat intérieur. Une de ses mains, posée sur ses genoux, serre avec contraction, la sentence à demi déroulée ; ses jambes croisées sont retirées en arriere dans un mouvement convulsif. Comme dans le *Laocoon* disputant avec la mort, la douleur est

apparente jusque dans les doigts des pieds ré-
ployés par la contraction ; de même dans
Brutus on voit dans tous les muscles apparents du corps l'effort qu'il fait pour vaincre
le chagrin dont son âme est pénétrée. Le
grouppe des femmes contraste admirablement
avec la sublime expression de l'homme. Pa-
raissant s'écrier à l'aspect du cortége funebre,
elle étend la main droite vers les licteurs,
comme si elle voulait les prier de s'arréter.
Elle s'incline en avant, mais ses filles arrêtent
ses pas. Elles se sont toutes deux pressées
contr' elle. La plus jeune tombe évanouie,
& est soutenue sous le bras par sa mere avec
sa main gauche. L'aînée, appuyée en arriere
contre sa mere, le cou à demi tourné, porte
ses deux mains renversées sur son visage tourné sur le cortege funebre. *David* a rendu la
douleur inexprimable de la mere & l'effroi des
sœurs de l'infortuné avec l'expression la plus
parlante & la plus noble. L'ensemble de cet
admirable grouppe, le dessein du nud, surtout des mains & des pieds, le jet parfait des
draperies, la belle simplicité de l'architecture

de la maison, l'heureuse disposition de la lumiere, tout est un chef-d'œuvre. Dans la
figure séduisante de la mere avec sa fille évanouie contr' elle, l'artiste paraît avoir eu l'idée
du grouppe de Niobé, quoique la position soit
différente. *

David a peint, il y a dix ans, le *serment des
Horaces*, à Rome, où il a été exposé dans l'a-
cadémie de France à l'admiration des artistes.
Sa composition simple & grande est connue
par plusieurs descriptions. Le plus grand
enthousiasme est exprimé dans le pere, qui
fait prêter le serment à ses fils, & qui con-
sacre au pere des dieux les trois glaives qu'il
tient élevés, le courage, la force & la résolution dans les trois fils, qui jurent de vaincre,
ou de mourir pour la patrie. Le contraste

* Dans le nouveau Musée Allemand de 1791, en Janvier, j'ai donné l'annonce d'un grand dessein historique de
mon ami *Fuger*, directeur de l'académie impériale des arts
à Vienne, dans lequel est représenté le jugement des fils de
Brutus, mais saisi dans un autre tems de l'action, & traité
avec génie & en maître.

Note de l'Auteur.

P 3

des femmes plongées dans la douleur & des enfans jouans sans inquiétude cause de l'émotion. L'ordonnance, l'expression, la composition sont grandes & de main de maître.

Dans une maison particuliere était un grand tableau de *David*, Bélisaire demandant l'aumône, qu'il avait peint avant son second voyage à Rome. Il était exposé en vente, & on en demandait huit mille francs en especes. Sa composition est égale à tous ses autres tableaux par sa noble simplicité. Bélisaire aveugle & assis a devant lui un enfant qui tient le casque du héros renversé pour y recevoir les aumônes. Il y a beaucoup d'expression dans la tête du vieillard, & dans l'enfant regne l'innocence & la cordialité ingénue. Une dame Romaine s'approche, avec l'air de la vénération, & de la compassion, pour jetter une piece d'or dans le casque ; un vieux guerrier est derriere elle, avec l'expression, *un peu commune*, d'un étonnement chagrin, en reconnaissant son ancien général.

Le grand tableau du serment de l'Assemblée constituante dans le jeu de paume de Versailles, nommé communément, *le serment du jeu de paume,* que *David* avait été chargé de peindre pour la nation, est resté ébauché. J'en ai vu le dessein dans l'appartement de cet artiste. L'ordonnance en est sage, & l'ensemble qui comprend plus de quatre cents figures est heureusement disposé. Les plus célebres députés, dessinés d'après nature, sont grouppés dans des attitudes variées & caractéristiques, il y a de la force & de la vie dans l'action. Dans les côtés & dans l'arriere du tableau naturellement les têtes sont rassemblées en grandes masses ; cependant, ce qui prouve l'art du maître, aucune partie ne manque de mouvement, ni aucune tête d'expression.

Le grand travail de *David,* dont je le vis occupé, est la guerre des Romains & des Sabins. Il a choisi le beau moment où les femmes Romaines & les meres séparent les deux armées combattantes. La vengeance respire dans les Sabins offensés, & s'élancant sur leurs ennemis, un courage résolu anime les Romains, défendant leurs femmes & leurs enfans sur le devant du tableau. Une femme séduisante, à moitié nue, sépare avec son corps & les bras étendus, deux troupes qui fondent l'une sur l'autre ; devant elle est par terre un enfant nouveau né. Ce spectacle semble désarmer la fureur des combattans. " Dans ce tableau, me dit *David*, je veux que l'histoire parle à ma patrie, pour qu'elle cesse de sacrifier ses enfans à l'horrible guerre."

J'ai malheureusement manqué l'occasion de voir son tableau de la mort de *Socrates*, dont on parle à Paris avec une admiration générale, car les personnes *délicates* trouvent son *Brutus* & ses *Horaces trop révolutionnaires*. Il était dans un couvent dans une partie très-éloignée de la ville, & après avoir cherché vainement l'endroit un demi jour entier, sur l'adresse que m'avait donnée *David*, la proximité de mon départ m'a empêché d'exécuter mon dessein.

Tous les tableaux révolutionnaires que *David* a composés dans l'éruption de son zele déréglé pour la liberté, parmi lesquels la mort de *Marat* & celle de *Pelletier* ont été long-tems exposés dans la salle de la Convention, sont éclipsés sans qu'on puisse savoir où ni comment; lui-même s'est refusé à me donner des renseignements : " allez plutôt, me répondait-il avec une résignation franche, lorsque je l'en priais pour satisfaire ma curiosité sur les épisodes politiques de son art, allez plutôt voir mes *Horaces* & mon *Brutus*, je les ai composés avec plus de loisir dans des tems plus tranquilles. Quand je ne pourrai plus travailler, me disait-il, je ferai graver sous mes yeux ces deux tableaux, avec les meilleurs entre les autres que j'ai composés."

Il est à souhaiter pour l'avantage de l'art, que l'époque où *David* devra quitter le pinceau soit encore éloignée, mais il souffre déjà beaucoup de ses yeux malades. En me parlant du professeur octogénaire *Vien*, que les peintres de Paris nomment leur père, il me disait avec l'expression de la plus profonde vénération : *Nous lui devons la gloire de la renaissance de l'art en France.* Il parlait avec la plus grande considération de plusieurs artistes Allemands, qu'il avait connus à Rome, surtout de mes estimables amis, *Füger* à Vienne, & *Kischbien* à Naples. Il s'attendrissait avec des sentimens paternels sur la mort prématurée de son disciple *Drouais*, dont il portait la miniature sur son portefeuille. Le génie de l'artiste respirait dans ce beau portrait. Avec sa récommandation je me rendis chez la mere de *Drouais*, pour voir les tableaux que son fils a laissés.

LE PEINTRE DROUAIS.

" *Oseras-tu tuer Marius?* Ce furent là les énergiques paroles que proféra Marius au Cimbre que son vainqueur Sylla avait envoyé pour le tuer, & qui l'avait atteint à Minturne: tel est le sujet du fameux tableau que cet excellent jeune homme avait achevé à Rome, deux ans avant sa mort. Cette composition grande & simple ne renferme que deux figures. Dans une chambre médiocrement meublée est assis le proscrit *Marius* dans un fauteuil, devant un lit, près d'une table, sur laquelle est posé son casque, & son bras est appuyé.

Réveillé des pensées sombres, dans lesquelles il était plongé, par le bruit de l'assasin qui entre dans la chambre, l'épée nue, il tourne sa tête, qui le moment d'avant était appuyée sur sa main, avec un mouvement brusque, & une majesté intrépide dans son regard, vers ce soldat, & il étend vers lui sa main droite. Le Cimbre effrayé par ces mots énergiques : *Oseras-tu tuer Marius?* se recule en chancelant, & foudroyé par le regard du héros, il porte avec sa main gauche son manteau devant son visage.

L'expression contrastante des deux figures est parfaite : dans Marius, ce terrible proscrit, le courage indompté, le mépris de son vainqueur, & la menace contre l'esclave envoyé par le tyran ; dans le visage & toute l'habitude du corps du soldat, l'effroi, le trouble & la honte : le dessein, les draperies, la force du coloris, montrent la touche d'un grand maître. Mais ce beau tableau est exposé en mauvais jour dans un chambre basse & étroite, & se ressent déjà de l'humidité de ce lieu fermé. Dans la même chambre sont les autres œuvres posthumes de ce jeune *Raphael Français* car c'est ce que promettait le dévelopement des talents de cet étonnant jeune homme.

Un gladiateur blessé & mourant. La tête est tournée avec un regard féroce vers son adversaire. Il s'appuye sur sa main droite, & avec sa gauche il tient sa blessure saignante. Superbe académie, d'un grand effet.

Philoctete dans le désert. Une grande idée, mais laissée incomplete. Le blessé est assis sur un bloc de rocher dans un site sauvage. Il nettoye sa blessure avec l'aîle d'un aigle qu'il a tué, & qui est à ses pieds. L'expression de douleur concentrée avec laquelle il lance un regard de plainte vers les dieux est très-grande.

Le dernier ouvrage de ce jeune artiste mourant est l'esquisse, composée de main de maître, d'un grand tableau historique, qu'il projettait. *Caius Gracchus* va à une assemblée du peuple pour appaiser une séditioñ dont il fut lui-même la victime. Se refusant au sentiment d'époux & de pere, cet homme audacieux, suivi de quelques amis, va au devant de sa destiné. Sans faire attention aux plaintes de sa femme qui tombe évanouie sur les marches de la maison, il tire à lui, en marchant, son manteau, dout le bord est encore embarrassé entre les pieds de cette infortunée. Celle-ci, sans force, étend sa main vers cet homme inflexible ; son enfant se précipite dans son sein en pleurant. Quelques servantes sortent du peristile du palais pour la secourir.

Drouais peignait son Marius à Rome à l'âge de vingt-deux ans, & il y est mort en 1787, agé seulement de vingt-quatre ans.

LE SCULPTEUR HOUDON.

Houdon dans les têtes de portraits qu'il fait, ne s'élcve point au beau idéal, il rend la nature comme il la trouve, avec une merveilleuse vérité, avec force, & en saisissant le plus heureux moment de la ressemblance. Il saisit le génie & le caractere de la personne, & il donne la parole au marbre. Le talent de cet artiste est prouvé par les bustes de *Voltaire, Rousseau, Gluck, Diderot, Cagliostro, Barthélemy, Franklin, Washington.* Ses figures entieres, sans être idéales, ont aussi leur mérite. Sa Diane nue, dans sa course légere, la petite fille frilleuse, la jeune fille, pleine de grâces, couronnée de fleurs, représentantes l'hyver & le printems ; sa jeune vestale avec l'expression d'un âme calme, sont connues aussi en Allemagne.

Houdon a achevé la statue de *Washington* en marbre pour les états de Virginie ; elle était alors partie pour sa destination, *Richmond,* où elle doit être dressée. Cet artiste, pour faire ce portrait avait été à Philadelphie, & avait demeuré six mois dans la maison de *Waſhington.* J'ai vu le modele de cette statue dans l'attelier d'*Houdon.* Le caractere & l'attitude du fondateur & conservateur de la liberté de l'Amérique, du représentant d'un peuple heureux & pacifique, du protecteur de l'agriculture, cette source abondante de la richesse nationale, sont heureusement imaginées & bien exécutées dans cette statue. C'est sur-

tout ce dernier caractere d'agriculteur que
Houdon a eu en vue. Le costume simple de
la figure, choisi à cet effet, a trouvé beaucoup
de critiques en Amérique, où le goût est encore dans l'enfance. On désirait voir un héros Romain avec tous les attributs d'un conquérant. *Houdon* au contraire voulait présenter le protecteur des arts, de la paix & de
la liberté, ce fut l'entremise de *Waſhington*
lui-même, qui décida dans les états l'exécution de l'idée de l'artiste.

La figure porte le simple & noble habillement d'un homme de la campagne, une veste
légere plissée, à moitié boutonnée, & des san-
dales aux pieds, avec un manteau, attaché sur
la poitrine, se développant sur les épaules & sur
le dos, destiné à garantir du mauvais tems un
agriculteur. Une main est appuyé sur un
bâton, l'autre se pose sur des faisceaux républicains, converts du chapeau de la liberté, à
ses pieds une charrue.

Houdon a été sauvé par son excellente &
aimable femme des mains de *Robespierre* & de
ses adhérents, qui s'étaient conjurés contre

tout ce qui tenait au génie. Les annales de cette époque malheureuse conservent beaucoup d'exemples de la grandeur d'ame vraiment Romaine de beaucoup de femmes Françaises, qui ont ou cautionné, ou sauvé leurs maris. Une exposition de ces faits héroïques fournirait un riche sujet pour une poëme, & présenterait le plus bel éloge de la plus noble partie des femmes de notre siecle. Ces traits de vertu heroïque & de force d'âme méritent autant nos hommages, que les vertus domestiques de nos femmes, leur soumission, leur doux attachement leur attirent notre admiration & notre reconnaissance.

Dans les plus violents orages de la révolution, beaucoup de femmes Françaises intrépides, & s'oubliant elles-mêmes, se sont teneus aux côtés de leurs maris. Elles ont partagé avec eux toutes les horreurs de leur sort : prévoyant le danger qui les menaçait, elles le détournaient avec une prudence adroite, ou allaient à sa rencontre avec intrépidité ; & enfin leur faiblesse succombant sous la violence des assassins, s'armant d'une résignation céleste elles suivaient leurs bien-aimés à l'échafaud & à la mort.

La haîne & la persécution du dictateur contre le génie pénétra dans les demeures paisibles des artistes habitans du Louvre. A ses yeux ils étaient tous des aristocrates, des conjurateurs contre la liberté, qu'il opprimait, contre la patrie qu'il dévastait. Les satellites du tyran osaient dire hautement : quand le sang de tous les ci-devant grands, riches, de tous les prêtres, de tous les artistes aura été versé, alors la République pourra être sûre & tranquille. Les arrestations nocturnes, la menace de la guillotine étaient à l'ordre du jour du gouvernement terroriste, aussi pour des artistes du Louvre, qui n'avaient consenti qu'à regret à l'abolition de l'ancienne académie royale des sciences.

Houdon était un d'entr'eux, & on regardait comme suspect le patriotisme de cet homme tranquille, sans reproche & honnéte. On lui imputait à crime de n'avoir encore présenté aucun ouvrage patriotique, ce qui prouvait son intention contre révolutionnaire. Il était menacé de la prison, & le grand nombre de statues & de bustes sortis de ses mains, qui représentaient les flambeaux de la philosophie, comme *Rousseau* & *Voltaire*, ne l'auraient pas sauvés, car eux aussi étaient morts dans le sein de l'aristocratie.

Il fut sauvé par la présence d'esprit & la résolution de sa noble épouse. *Houdon* avait achevé la statue en marbre d'une sainte qui lui avait été commandée quelques années avant la révolution pour un couvent de Paris. Cette sainte avait été représentée très-simple, sans attributs mistiques, comme une statue de la philosophie, avec un livre ouvert dans la main. Madame *Houdon* mit la circonstance à profit. Elle savait que son mari était menacé ; elle se rendait au Comité de Salut Public, sous la verge de fer duquel tout le monde pliait. *Barrere*, qu'elle y trouva, lui reprocha aussitôt que son mari était un mauvais républicain, puisqu'il n'avait fait encore aucun ouvrage patriotique. " *Houdon*, répondit-elle tranquillement a fait la statue de la philosophie, venez, & voyez-la dans son attélier. La

philosophie a préparé la révolution, elle ré-
clame sa place auprès de la liberté dans le
temple de la loi." *Barrere* appuya. " Cela
est beau, dit-il, j'approuve votre motion, je
vais en faire part au comité." Cet homme
singulier, flatteur du parti dominant, sans
énergie, sans volonté propre, toujours en contradiction avec lui-même, susceptible cependant de quelques bonnes impressions, appuya
la proposition avec chaleur. La statue de la
ci-devant sainte actuellement de la philosophie, fut enlevée de l'attélier d'*Houdon*, &
placée dans l'avant salle de la Convention, à
présent du Conseil des Anciens, où elle est
encore, & *Houdon* fut sauvé.

COLLECTION DE TABLEAUX DU PEINTRE MARTIN.

Les collections des arts des particuliers
émigrés dont Paris était rempli, sont à présent, ou tombées dans les mains de la nation,
ou dans le tems de la terreur & de l'avilisse-

ment des arts, indignement dissipées & la plûpart vendus dans l'étranger. D'autres posses-
seurs de quelques unes de ces collections qui
existent encore, ou épouvantés par les réqui-
sitions, ou dans la crainte de voir renouveller
le brigandage, les tiennent cachées. Ce n'est
que furtivement que j'ai pu voir en Belgique
quelques unes de ces collections secretes, &
dans Paris j'ai cherché en vain à retrouver
quelques riches cabinets que j'avais vu douze
ans auparavant chez des particuliers. Ainsi
j'ai vu avec un bien grand plaisir la grande
collection de tableaux du peintre *Martin*, que
sans aucune jactance il montre à tous les
étrangers, & qu'il offre en vente, étant marchand de tableaux. Cet homme singulier,
un peu original & présomptueux dans ses
manieres, sans être un artiste distingué, vit
continuellement en dispute avec ses confreres,
blâme les nouveaux établissements qui ont
rapport aux arts, & en sa qualité de ci-devant
membre de l'académie royale de peinture &
de sculpture, fait imprimer de séveres avis au
Conservatoire du Musée Nationale, qui peut-

être dans le fait scraient moins déraisonnables, si la direction de ces collections publiques voulait les suivre.

Depuis plusieurs années, *Martin* a suivi le commerce de brocantage dedans & dehors de la France, & a beaucoup gagné. En vendant, achetant, troquant, il s'est fait une des plus belles collections particulieres que je connaisse. Le hazard le plus singulier lui a procuré surtout d'excellents tableaux de l'école d'Italie. Un Cardinal Archevêque de *Narbonne* rassembla à Rome, à la fin du siecle dernier un riche cabinet de tableaux, & le rapporta en France. Après sa mort la collection fut divisée & dissipée par des héritiers ignorans; elle tomba entre les mains d'un possesseur encore plus ignorant, entre Narbonne & Toulouse. Dans un voyage dans ces cantons, *Martin* étant à une table-d'hôte, un des convives lui offrit deux grands tableaux pour un louis-d'or, parce que, dit-il, ils surchargeaient son plancher. *Martin* les acheta sans les voir, & quand il les eut reçus, c'étaient deux beaux Raphael. Cela le rendit

attentif, il suivit la trace de la collection, &
il trouva une grande quantité de grands tableaux Italiens, inconnus de leurs propriétaires, cachés dans les plus mauvaises maisons, & il les acquit pour des bagatelles. Il
m'a dit avoir vendu les deux Raphael pour
cent mille livres à un Anglais.

Dans sa collection d'environ huit cents tableaux, dont une partie est dans son attélier
dans le couvent des grands Augustins sur le
Quai de la Vallée, le reste dans sa maison,
outre beaucoup originaux, dont on ne peut
pas disputer la vérité, il a aussi beaucoup d'excellentes copies, ce dont il ne convient pas
volontiers. Il veut vendre toute la collection
pour deux cent mille livres d'argent comptant
& pour une rente viagere, & je trouve que si
on tombe d'accord sur la quotité de la rente
avec cet homme qui se porte encore bien, elle
vaut ce prix. J'ai vu quelquefois cette collection avec beaucoup de plaisir, & je vais
noter les principaux morceaux, dans le même
désordre avec lequel ils sont exposés dans le
cloître des Augustins, pour donner aux con-

naisseurs & aux amateurs une idée de ces raretés peu connues, dont quelques unes ont été gravées.

Baroccio. Une sainte famille, l'expression vivante ; dure, comme sa maniere.

Raphael. La crêche de Bethléem. Composition singuliere dans la maniere seche du *Perugino.* Dieu le pere dans les nues, environné d'une troupe d'anges. Dessous la sainte famille : beau, plein de sa sublime simplicité.

Le Guide. Marie avec l'enfant qui dort. Son coloris, son dessein, son expression ; seulement pas tout à fait la tête de Marie.

Le Correge. Marie avec l'enfant Jésus & St. Jean. Excellent coloris, beau dessein du nud.

Vandyk. Le Duc d'Albe & sa femme, avec un negre. Deux portraits de grandeur naturelle, la femme avec une draperie de satin parfaitement belle.

Salvator Rosa. Deux batailles. Celle avec un chevalier sur un cheval blanc galoppant, est préferable. Sa composition large, vivante, hardie.

(232)

Claude Lorrain. Un tempéte qui s'éleve au soleil couchant, de grand effet.

Jacob Bassan. Le Christ sur la montagne des Olives. Dans sa maniere forte, mais noire. Le fort coup de lumiere fait un effet frappant.

Jules Romain. Le passage de la mer rouge. Une belle composition à perte de vue, pleine de vérité, de génie, de vie, le dessein & le grouppé excellents, fini avec précision & force jusques dans les plus petits détails. Belle expression, surtout de plusieurs grouppes de femmes & d'enfans sur le devant du tableau. C'est une des plus précieuses pieces de la collection, peint sur bois, trois pieds de haut, six de large.

André Solario. Peintre Espagnol. L'Annonciation. La soumission dans Marie, la vénération dans l'ange parfaitement exprimés.

L'Albane. L'un des plus rares de la collection. L'enfant Jésus debout, seul, au milieu, environné de tous côtés d'anges, qui lui montrent les instruments de la Passion.

Léonard de Vinci. La femme adultere. Tableau de prix. Peint sur bois. Huit demi figures. Chaud coloris.

Le Guide. L'archange St. Michel combattant. Excellent. Il paraît avoir été la premiere esquisse du fameux tableau de *Guide,* dans l'église des Capucins, *Sant' Antonio della Conceccione,* à Rome. Celui de Rome est plus grand. L'attitude de la figure est un peu changée.

Poussin. Deux paysages, avec la fable de Midas & une pêche. *Martin* a acheté le premier à Venise, l'autre à Londres. Mais la grandeur, l'ensemble & la maniere montrent qu'ils ont été peints pour faire pendants.

Vandyk. Trois enfans parfaitement dessinés & coloriés, qui se courbent vers leur mere en la caressant. Ce tableau n'a point souffert de l'opération de *Martin* qui a enlevé la peinture de dessus bois pour le remettre sur toile.

Raphael. Marie avec les enfans Jésus & St. Jean. Semblable au tableau du même peintre dans le Musée National, mais peint quatre ans plutôt. *Martin* observe que le dernier est une copie.

Raphael. Ste. Marguerite montée sur un dragon. Un des principaux de la collection, six pieds de haut, quatre de large. La draperie & le nud chaudement colorié. Excellente expression de candeur & de résignation.

Le Guerchin. Ste. Catherine avec deux anges. Six pieds de haut & de large. Fort coloris, belle draperie. Dans les regards de la sainte tournés vers le ciel une expression inimitable de dignité féminine.

Raphael. Marie avec l'enfant. Du dernier tems de sa Transfiguration. L'enfant est sur les genoux de sa mere, majestueusement colorié & dessiné. Dans l'expression résignée du calme de l'ame qu'offre la tête de Marie, on reconnaît ce peintre inimitable.

Michel Ange. La guérison des yeux de Tobie. Tableau très-rare de ce maître. Douze petites figures bien grouppées, bien dessinées, d'une excellente expression, avec une action double. Dans le fonds du tableau l'ange en se séparant se fait connaître à la famille.

Le Guide. L'enlevement d'Hélene. Semblable au tableau du Musée National, avec les mêmes circonstances, mais changé dans la position de la tête d'Hélene. La nourrice sur le devant, très-bonne. Le Guide peignait le portrait dans le génie & la manïere de Raphael.

Le Sueur. L'enfant Moyse sauvé des eaux. Très-bonne expression des têtes. Beau paysage.

Jules Romain. Le bonheur se balançant sur une roue. Parfaitemant dessiné & colorié.

Annibal Carrache. Navigation d'Ulysse.

Le Titien. Lui-même avec deux enfans & une servante. La tête de la derniere, surtout, est pleine de vérité & d'expression de bonté ingénue.

Vandyk. Un Prince d'Orange galoppant sur un cheval blanc. L'animal est tourné par devant en raccourci, parfaitement dessiné. On le voit sauter.

Le Dominiquain. Ste. Cécile. Un des principaux de la colleétion, six pieds de haut, quatre de large. L'expression de la plus haute inspiration. Le dessein de la tête, des mains & des pieds, le jet de la draperie, inimitables. Le grouppe de génies, qui, devant elle, assis à une table, tiennent de la musique & des instruments, bien dessiné, & plein de vie & de l'expression de la joie enfantine.

Alexandre Véronese. Judith avec la tête d'Holophernes. De grandeur naturelle. Peint dans le grand goût. On reconnaît sa maniere jusques dans les plus petits détails de la draperie richement brodée & des bijoux.

Francisco Mola. Le baptême de St. Jean, peint dans le goût de *Salvator Rosa.* Quelque chose de manqué dans le clair-obscur.

Je passe ici plusieurs tableaux de valeur de *Rubens* & de *Vandyk* pour parler de quelques morceaux rares que j'ai vus dans l'appartement de *Martin.*

Pietre de Cortone. Coriolan dans le moment où sa résolution est ébranlée : devant lui sa mere, sa femme, ses enfans; un grouppe majestueux, expression de vie, coloris brûlant.

Raphael. Marie avec l'enfant sur ses genoux, l'un des anges auprès d'elle est d'un
charme inexprimable. Belle tête de St. Jo-
seph derriere Marie. Le tableau est rond,
quatre pieds & demi de diametre, bien conservé.

Raphael. Marie & les Mages devant la
crêche. Les têtes, surtout des derniers, admirables.

Raphael. Le couronnement de Charle-
magne par Léon IV. Il a peint cette esquisse
peu de tems avant sa mort pour le grand tableau exécuté dans le Vatican par ses éleves,
avec quelques changements. Les têtes des
évêques, qui sont des portraits au naturel,
pleines de caractere. Soixante figures. Ce
tableau de cinq pieds & demi de large & trois
pieds & demi de haut, a beaucoup de mérite
comme esquisse. Mais la composition est
uniforme, la lumiere & le clair-obscur fautifs.

Le Guide. Le Massacre des Innocents.
Excellent tableau, bien conservé. Six pieds de
large, quatre de haut. Le dessein, le grouppé
d'environ soixante figures très-beaux. L'ex-

pression des meres souffrantes, combattantes, désespérées, fait frissonner.

Le Correge. L'amour tendant son arc. Petite mais parfaite esquisse d'un grand tableau très-connu On en a offert dans une vente publique trois cents louis-d'or à *Martin* qui les a refusés.

Jules Romain. La crêche de Bethléem avec les Mages, traité entierement dans la maniere animée de *Raphael.*

André del Sarte. Marie avec les enfans Jésus & Jean, Ste. Elizabeth & Ste. Catherine. Bonne expression, beau coloris.

Le Correge. Esquisse d'un St. Jérome, cidevant à Parme, à présent en route pour Paris. Traité avec soin. Le grand tableau peint d'après cette esquisse est changé surtout dans la tête du saint.

MANUFACTURES.

Les Manufactures en France ressemblent aux ruines d'un magnifique bâtiment, dont les fondements ont manqué, & qui s'est écroulé sur lui-même. On voit dans l'intérieur du pays & dans ses villes jadis les plus florissantes les secousses de la révolution & les suites de la guerre la plus sensible & la plus acharnée qui jamais ait désolé la France : partout, excepté quelques fabriques de Lyon, les manufactures sont abattues sans espoir de se relever. Il manque de bras & de matériaux. On ne peut pas s'occuper du commerce & des métiers avant la paix, & il n'y a que la tranquillité intérieure, bien assurée, qui puisse les rétablir peu à peu dans leur ancien état. Toutes les entreprises que des particuliers actifs & ingénieux font, même dans Paris, sous les yeux & l'appui du gouvernement, avec l'encouragement de l'esprit public des Instituts Nationaux, ne sont réellement que des essais, qui donnent des espérances pour l'avenir, mais qui languissent sous une multitude de besoins. Ce que je vais en communiquer est, comme la chose en question, elle-même un fragment.

Olivier, le même qui dans la séance du 30

Germinal du Lycée des arts, a reçu une couronne patriotique, tient une fabrique de porcelaines dans le fauxbourg *Antoine*; fondée par son pere, elle a duré déjà soixante ans, mais il l'a fort aggrandie & améliorée. On y fabrique toutes les especes de poteries depuis les plus grossieres jusqu'aux plus belles. Le vernis des dernieres est doux & uni, les couleurs sont belles, mais on peut encore gagner sur les formes, & on recherche avec beaucoup de zele à leur donner la légereté de la forme & la grâce des contours qui distinguent jusqu'à présent les poteries Anglaises. *Olivier* réussit bien dans l'imitation des vases étrusques, tant pour la matiere que pour les couleurs. Les ustensiles composés d'une terre métallique qu'on extrait d'une mine auprès de Paris sont légers, vont sur le feu, & se vendent bon marché. *Olivier* prépare aussi une composition qui approche beaucoup du basalte pour la couleur, le poids, la solidité & le son. J'ai vu des petites caryatides de cet argile, qui avaient aussi le mérite du dessein & des contours. Cette fabrique deviendra un jour pour

la France & pour l'étranger ce qu'était celle
de *Wedgwood*, en Angleterre, avant sa décadence. Il lui manque les moyens d'être en
pleine activité. Les travaux commandés vont
extrêmement lentement faute d'ouvriers. *Oli-*
vier a aussi une manufacture très-riche de ver-
millon, & je l'ai trouvé occupé de la recherche de la préparation du blanc de céruse
en fusion.

Un Ecossais, nommé *O'Relly*, qui a établi
une verrerie depuis quelques années, exé-
cute tout ce que je connais de plus beau
en verrerie Anglaise. Son verre ressemble à
l'Anglais en clarté, poli, netteté ; les formes
sont aussi belles, & le *douci* surpasse celui des
verres Anglais. *O'Relly* est un des plus grands
artistes de ce dernier genre, jamais l'art du
douci n'a été porté à un plus haut degré de
perfection. Il doucit des sujets historiques
entiers sur des vases, des coupes, des aiguieres
des plus belles formes antiques, & comme le
plus habile graveur, il finit le dessein du nud,
les plis des draperies, & même l'expression
des têtes. Il place & il finit avec autant de

goût dans le choix, que de légereté dans l'exécution les bordures en arabesques, ou en ornemens antiques. J'ai vu des aiguieres avec des figures détachées d'Herculanum & des grouppes de danseuses & de musiciens ; des vases avec des bacchantes, des faunes, des nymphes, & des satires. La gravure d'un de ses vases demande huit jours de travail, parce-qu' *O'Relly* n'a encore formé qu'un éleve pour ce genre. Ainsi le prix en est considérable. Une aiguiere bien finie coûtait de dix à douze louis. L'entrepreneur de cette belle manufacture, qui est dans le quartier des Invalides, avait construit un fourneau conique de nouvelle invention pour la fusion, d'une grandeur extraordinaire, ayant cinquante-huit pieds de diametre à la bâse, & trois cents pieds de haut, mais les ouvriers lui manquaient.

Un Allemand, nommé *Dihl,* tient une manufacture de porcelaine sur le boulevard du Temple ; elle rivalise avec celle de *Seve* & la surpasse. La différence entre les ouvrages de ces deux manufactures est décidée en faveur de la premiere, dans la blancheur & l'épaisseur de la pâte, dans la vivacité des couleurs & dans l'éclat des dorures. Les figures sont très-belles, ainsi que l'ensemble des grouppes. Les formes de toute espece des ustensiles sont pleins de goût & légeres, les peintures excellentes. Les magazins de sa maison brillante étaient richement garnis, & on ne s'y appercevait ni de la rareté des ouvriers, ni du manque de débit. *Dihl* me montra avec une confiance cordiale tous ses attéliers depuis la roue du potier jusqu'aux cabinets des peintres & des doreurs. Cette fabrique est une de celles, qui jouissaient de priviléges particuliers, & dont les productions étaient honorées du nom d'un Prince, porcelaine de *Monsieur*, du *Comte d'Artois*, &c. Depuis que les priviléges de la manufacture de Seve, qui était pour le compte du roi sont anéantis, celle de *Dihl* s'est beaucoup augmentée & perfectionnée.

Un autre manufacture de la Cour, autrefois très-brillante, celle *des Gobelins*, ne me parut plus aussi active que je l'avais vue. Les ouvriers sont réduits à la moitié. Cependant le magazin était encore richement garni de belles tapisseries, & on continuait à travailler, à la vérité sur très-peu de métiers, d'après de bons tableaux originaux Français & des copies des plus fameux maîtres d'Italie. Elle est sous la direction du ministre de l'intérieur.

La tannerie de *Séguin*, dont le Lycée, dans la séance publique du 30 Germinal, a honoré l'industrie & l'esprit inventif, était devenue célebre alors par une nouvelle découverte pour une préparation nouvelle des cuirs très-avantageuse & d'un effet très-prompt. En voici l'opération *.

La méthode de *Séguin* s'écarte de la pratique usitée, jusqu'à présent, tant dans la préparation des cuirs bruts, que dans la mixtion des matiers nécessaires pour les tanner. L'art de toutes les tanneries consiste dans les procédés, de laver préliminairement, de séparer les chairs, de gonfler les cuirs, & de les

---

* J'ai l'obligation de ces détails à mon ami *Schmeisser*.
Note de l'Auteur.

tanner. **Dans** le procédé de laver les cuirs, la différence de la fabrique de *Séguin* consiste en ce que les cuirs ne sont pas, comme dans les autres, jettés dans l'eau pêle-mêle ; au contraire ils sont séparés l'un de l'autre, & déployés perpendiculairement, pour pouvoir pomper l'humidité des deux côtés. Pour séparer le poil, on pend la peau dans une cuve remplie d'eau de chaux. Comme la chaux tombe naturellement au fonds de la cuve, on remue très-souvent l'eau, pour qu'elle soit toujours imprégnée de parties de chaux & que son action s'imprime dans la peau même, cette opération exige huit jours. *Séguin* a trouvé que lorsqu'on mêle un peu d'acide sulphurique dans l'eau employée déjà une fois pour cette opération, son action est renouvellée & même augmentée.

Le procédé du gonflement des cuirs s'acheve en vingt-quatre heures. Les cuirs nettoyés des parties de chair sont plongés dans des cuves de bois remplies d'eau, imprégnée d'une $\frac{1}{1350}$ jusqu'à $\frac{1}{2000}$ partie d'acide sulphurique.

Pour tanner, *Séguin* a rejetté la méthode ordinaire de placer les cuirs dans des fosses. Il les immerge d'abord dans de l'eau imprégnée de tan, & après avoir répété cette immersion, il ajoute une nouvelle liqueur, de la force du onze au douzieme degré de l'aérometre, telle quelle s'employe pour la liquéfaction des sels. L'opération de ce tan est très-prompte. Les peaux sont d'abord trempées dans une faible dissolution de tan, qui n'attaque que leur surface, & ensuite par dégrés dans un tan plus fort. Les cuirs durs sont tannés par ce procédé en quatorze à seize jours. Il est arrivé souvent à *Séguin* d'avoir terminé son opération en six à huit jours. Les cuirs sont ensuite séchés à la maniere accoutumée. Comme les *cuirs d'empeigne* ne sont pas soumis à l'opération du gonflement, on n'employe que trois ou quatre jours pour les tanner.

On a cru long tems que le tan ne servait qu'à replacer ensemble & raffermir les fibres de la peau, relâchés par les opérations précédentes. Mais *Séguin* a découvert que le tan renferme un élément particulier, qui se dissout par lui-même dans l'eau, mais qui s'impregne ensuite dans les parties poreuses du cuir, y prend de la consistance, & devient indissoluble à l'eau même. *Séguin* a remarqué l'effet de cet amalgame dans la colle, qui d'abord précipitée par cet élément, devient indissoluble dans l'eau chaude. Le cuir après cette amalgame cesse d'être dissoluble. D'après ces observations on peut espérer de diminuer la consommation d'écorce de chêne, & trouver beaucoup d'autres especes de végétaux, dont l'infusion pourra servir à la tannerie, ce qu'on reconnaîtra si leur infusion a la même propriété de précipiter la colle.

NOUVEAU SYSTÊME RÉPUBLICAIN DES POIDS ET MESURES.

La différence & la variété infinies de poids & de mesures dans toutes les provinces de la France, avaient déjà, avant la révolution, excité le zele des meilleurs penseurs de la France, qui s'occupaient d'adapter les progrès des sciences & des arts à l'amélioration des rapports sociaux & à la facilitation des échanges du commerce ; ils avaient déjà témoigné le désir d'introduire un système de poids & mesures, méthodique, uniforme, invariable, par lequel, tant dans la marche de la gestion de l'état, que dans les rapports du commerce intérieur & avec l'étranger, les grands inconvénients & les désavantages de cette variété fussent anéantis, & les échanges facilités, ce qui devait fonder un très-grande & essentielle utilité.

Sous ce rapport c'est une très-belle idée que celle de fixer un poids commun & unique tiré de la nature, un *Métre*, pour mesurer les longueurs, les surfaces & toutes les dimensions des corps, & par ce *Métre* de fixer un poids commun, *Gramme*. Ce qui donnait un plus grand mérite encore à cette idée, c'était d'y lier les divisions décimales. C'est par cette progression que, malgré les grandes difficultés, on a réalisé en France cette grande idée, que bien des mathématiciens regardaient comme un réve.

La révolution a favorisé la conduite du plan d'une réforme totale des poids & mesures, qu'on avait bien saisie sous l'ancien gouvernement, mais qui, par la constitut‘on même de ce gouvernement, avait été au moins suspendue, si elle n'avait pas été tout-à-fait abandonnée. Déjà dès l'an 1790 les membres de l'académie des sciences, joints à plusieurs députés du corps législatif, travaillaient à ce plan, & ils l'ont achevé. Des hommes célebres parmi les savans Français, *La Place*, *La Grange*, *Condorcet*, *De Lambre*, *Mechain*, *Monge*, *Meusnier*, *Lavoisier*, *Borda*, *Coulon*, *Brisson* & *Vandermonde*, furent les collaborateurs de ce nouveau systême, qu'on s'efforce à présent d'introduire dans la république, & par lequel on a en vue l'avantage & l'utilité, non seulement de la France, mais de toutes les nations, parce qu'on se flatte que peu à peu il se généralisera.

Dans la confe´ction de ce plan, on a considéré principalement les changements inévitables auxquels sont exposés les poids & mesures, non seulement par les mains des hommes, mais surtout par le tems, le climat, les saisons, par les fluides subtils, qui pénetrent & altérent tous les corps épais : changements de l'unité des différents morceaux des poids & mesures, qui se découvrent par la longueur du tems dans le même lieu & sous la même température. Pour remédier autant que possible à ces changements inévitables, des savans étrangers, qui s'occupaient aussi du même objet, ont pensé, qu'il fallait, dans la détermination des mesures, tirer de la nature une dimension invariable, qui servirait toujours à corriger & à rétablir les *Etalons*, ou preuves de la mesure. D'abord *Huygens* proposa la longueur d'un pendule à secondes. Les mathématiciens & physiciens Français choisirent pour cette preuve de mesure, le globe de la terre. Ils se figurerent la mer depuis l'équateur jusqu'au pôle, & partagerent en idée, en dix millions de parties égales, cette longueur supposée, représentant un quart de tout le cercle méridien. Une de ces parties est à présent le *Métre* Français. Au premier coup d'œil cette idée paraît très-exacte, intelligible

& invariable. C'est une idée grandement pensée. Mais d'après le jugement impartial de
plusieurs observateurs, que j'ai eu occasion
d'entendre à Paris, & surtout en Allemagne*,
à côté des avantages apparents, des calculs
qui viennent à l'appui, dans l'application pratique à la grandeur réelle du mètre, elle n'est
pas aussi précise, mais bien plutôt douteuse.
Pour trouver d'abord la grandeur de cette
mesure, & pour la déterminer & corriger ensuite, il faut chaque fois de grands mesurages
très-dispendieux, dont les résultats peuvent
être contradictoires, autant de fois que les
lieux, les hommes chargés de ces opérations,
les instrumens même seront différents entr'
eux, & les opinions des savans resteront éter-

* Parmi ces derniers je compte mon respectable ami,
autrefois mon instituteur, M. le professeur *Busche*, à Hambourg, mes excellents amis M. *Brodhagen*, professeur en
mathématiques à Hambourg, M. *Waltmann*, directeur de
l'hydraulique dans le baillage Hambourgeois de Rittzbüt-
tel à l'embouchure de l'Elbe, & M. *Reinke*, inspecteur des
frontieres de Hambourg & directeur des canaux, tous les
trois grands mathématiciens.

Note de l'Auteur.

nellement partagées sur la grandeur du *cadran* du méridien.

A présent cette grandeur est provisoirement déterminée à 5,132,430 toises =30,794,580 pieds de Paris, & d'après cela le *mètre* de $3\frac{0794580}{10000000}$ c'est-à-dire 3 pieds, 0 pouces, 11,$\frac{44}{100}$ lignes ; & elle restera ainsi déterminée, jusqu'à ce que les nouvelles mesures, de la mer Méditerranée à la Mer du Nord, de Barcelonne à Dunkerque soient achevées.

Pour parvenir à cette certitude & à cette invariabilité du nouveau *mètre*, le projet de la longueur du pendule d'*Huygens* aurait mérité la préférence, si les mathématiciens Français n'avaient projetté de nouvelles divisions du tems & du cercle, qui à la vérité, pourraient donner un avantage au *mètre* choisi, mais qui opposent à l'entreprise de nouvelles difficultés. Mettant à part ces objections importantes sur le choix de l'*étalon*, le *mètre* est d'ailleurs très-commode pour l'unité de la mesure: il donne une moyenne convenable entre les trop grandes ou trop petites mesures, il est commode pour l'aunage, & comme la plus petite partie du grand méridien, il ne souffrira pas une variation remarquable, désavantageuse au commerce, de la non fixation du méridien, d'autant que chaque fois la fatiguante correction sera le travail du mathématicien, & non pas de l'officier de police. Il serait donc à désirer que le mètre, une fois ainsi ordonné, eût le suffrage universel, & que peu à peu, ce qui certainement rencontrera beaucoup de difficultés, il pût être accepté dans tous les autres états commerçants.

Une autre question que je fais, sans me l'arroger, c'est : si les législateurs de France, par égard pour les bienséances sociales, & pour ne pas choquer une méthode généralement pratiquée & connue, n'auraient pas pu conserver comme premiere unité le *pied de roi*, en changeant seulement son nom en *pied républicain*, mesure, non seulement en usage dans toute la France, mais connue dans tous les états de l'Europe, puisque sa proportion s'adapte avec précision à toutes les mesures connues, que la plûpart des barometres & échelles sont calculées sur ce pied, & que la plûpart des nations cultivées l'employent comme le *custos* des autres mesures. Il aurait été possible de régler d'après ce pied républicain, toutes les autres mesures des longueurs, surfaces, dimensions des corps, & conséquemment les poids. Il avait le même avantage qu'on attribue au *mêtre*, il pouvait être rétabli & déterminé par la nature, puisqu'il est connu que sa proportion est aussi convenable au cadran du méridien & à la longueur du pendule que celle du *mêtre*.

Il n'est presque pas douteux que ce procédé, on peut dire humain, aurait plus favorisé l'introduction du nouveau systême que cette réforme totale, très-brillante sans doute dans tous les poids & mesures employés jusqu'à présent, réforme dont l'acceptation universelle éprouvera des grandes difficultés.

Mais supposons que ces difficultés fussent insurmontables pour l'acceptation générale de ce nouveau systême, plusieurs experts désireraient encore beaucoup que la nouvelle *division décimale* des mesures, des poids & des calculs, qui y est jointe, pût être généralement reçue, puisque tout genre d'unité est égal. Par là tous les calculs arithmétiques & toutes les mesures seraient très-simplifiés, & l'instruction ainsi que la maniere de compter de la plus basse classe du peuple, serait de moitié plus facile à comprendre & plus prompte, si une fois l'unité quelconque déterminée, elle était divisée en décimes, centimes, millimes. C'est ainsi que les arpenteurs partagent chez nous les vergées de terrein en dix parties (pied décimal) & dans le calcul mathématique, le compte décimal, par l'habitude de compter jusqu'à dix est depuis long tems en usage.

On objecte contre le calcul décimal qu'on ne peut pas expliquer précisément des petites fractions qui se présentent souvent comme $\frac{1}{2}, \frac{3}{4}, \frac{1}{6}$, pour quoi les nombres 12, 16, sont plus commodes ; mais cette objection est de nulle importance auprès des avantages que procure cette maniere de compter : dans les nombres les parties de chaque unité, si petites qu'on veuille les poser, peuvent être exprimées, mais dans la nature chaque division de l'unité est imparfaite. On se conformerait aussi aisément dans le commerce à la nouvelle division décimale des monnoyes, des poids, des mesures, des choses seches ou liquides, qu'à la division usitée jusqu'ici des mesures, poids & monnoyes, sans que par cette réforme de calcul il fût nécessaire que les parties plus petites existassent en effet.

La division décimale & centimale du jour naturel & du cercle géométrique paraît moins évidente & moins généralement pratiquable que celle des nouvelles monnoyes républicaines, des poids & des mesures ; d'ailleurs elle est d'elle-même moins utile au public & nécessaire. La division convenue du cercle en 360 degrés est appuyée par ses propriétés connues, d'après lesquelles, dans l'étude des principes de la géométrie, il faudrait toujours en venir à cette ancienne division. La division du jour en douze heures paraît plus propre à la nature de son objet que la nouvelle division décimale, par laquelle les divisions naturelles du jour en matin, midi, soir, minuit, se trouvent déplacées. Par ce change-

ment, beaucoup d'excellents livres, d'instruments de mathématiques, de pendules & de
montres de grand prix, qui sont fondés sur
des divisions par douze & par soixante, de-
viendraient inutiles, ou les réductions qu'il
faudrait faire chaque fois seraient insupporta-
bles. Les mathématiciens Français se sont
chargés de composer de nouvelles tables de
Sinus & autres pareilles d'après le systême décimal. Ainsi malheur aux excellentes pendules composées, aux précieux chronomêtres
& à tous les ouvrages de cette espece ! Il faudrait rejetter tous les instrumens divisés en
degrés. Malheur à tous les chefs-d'œuvre
de *Ramsden, Adams, Nairne,* & autres, dont
sont pourvus les savants, les mathématiciens,
les physiciens, les navigateurs, les arpenteurs !
Les excellents livres des Sinus, & les autres
tables de *Sherwin, Schulze, Vega,* &c. devien-
nent inutiles ! Et quel équivalent nous donne-
t-on pour cela ? Est-il assez grand pour se con-
soler de ces sacrifices ?

En cas que cela fût—car je ne suis que
simple spectateur, & juge trop incompétent

pour m'ingérer à décider contradictoirement sur cette grande réforme, & quand la réforme totale des instruments & des horloges, malgré leurs avantages, serait reconnue comme importante, il en résulterait que les inquiétudes, exprimés ici & de pareilles plaintes des observateurs paisibles, seraient regardées comme des faiblesses par les réformateurs Français, dans leur vol audacieux au dessus de la sphere commune ; & c'est alors que le tems qui doit faciliter ces réformes, parce que tous les ouvrages humains vieillissent, & tombent en dessuétude, & doivent faire place à de nouveaux, plus ou moins différents des autres, n'aurait pas été assez consulté par ces novateurs.

Les divisions des nouveaux poids & mesures qu'ont les Républicains & les noms qu'on leur a donnés, sont simples, intelligibles & faciles à retenir pour peu qu'on s'habitue aux noms Gréco-Latins ; traduits en Français ils sont bien choisis & faciles à adopter dans les autres langues.

Le tableau suivant présente la totalité de ce système sous son vrai point de vue.

Signes.	Mesures à longueur.	Mesures agraires.	Mesures de bois.	Mesures de capacité.	Poids.	Monnoyes.
10,000	Myriametre	Myriare	—	—	Myriagramme	
1,000	Kilometre	—	—	Kilolitre	Kiliagramme	
100	Hectometre	Hectare	—	Hectolitre	Hectogramme	
10	Décametre	—	—	Décalitre	Décagramme	
1	Mètre	Are	Stere	Litre.	Gramme	Franc
$\frac{1}{10}$	Décimetre	Déciare	Décistere	Décilitre	Décigramme	Décime
$\frac{1}{100}$	Centimetre	Centiare	—	Centilitre	Centigramme	Centime
$\frac{1}{1000}$	Millimetre				Milligramme	

On a fait toutes les dispositions pour introduire efficacement le nouveau systême de poids & mesures à Paris, surtout, & dans toute la République. D'après le vingt cinquieme article de la loi constitutionnelle de l'institut national des sciences & des arts, on doit y déposer une mesure originale, composée en platine, reconnu le métal le plus épais & le plus inaltérable. Dessus les places publiques & contre les principaux bâtimens, on a scellé dans le mur, un *Mêtre* de métal enchassé dans un tableau élégant de marbre blanc, & sur les grandes routes près de Paris, on a érigé à chaque mille pas une pierre milliaire antique avec l'inscription *Kilométre.* Un jour sur la route du Bois de Boulogne je vis sur une pierre milliaire blanche une savante dissertation écrite au crayon de mine de plomb, dans laquelle il était démontré qu'on devait écrire *Chiliométre* (de χιλιος) & non pas *Kiliométre*, à la suite étaient quelques sarcasmes séveres sur ces nouveautés. Le conseil des poids & mesures qu'on a établi est chargé de propager l'introduction de ce nouveau systême, il tient sur cela la correspondence, & il s'empresse d'en répandre généralement la connaissance, en envoyant des détails imprimés aux sociétés des sciences, des arts & d'industrie, même en pays étranger*.

Les nouveaux *Métres*, ou regles de mesure, que l'on vend à Paris, n'ont pas encore acquis le degré de la plus parfaite précision, qu'on avait en vue ; j'en ai vu deux achetés dans une boutique qui différaient en longueur d'un $\frac{1}{100}$, & qui malgré les instructions précises publiées par le conseil des poids & mesures, étaient en eux-mêmes divisés inégalement.

Les difficultés que rencontre l'introduction de ce nouveau systême, & les doutes multipliés auquel la bonté du plan en lui-même est exposé, font déjà impression à Paris. Un

* Le *Conseil* a envoyé à la société *de Hambourg* pour l'encouragement des arts & des métiers utiles une collection de ces écrits avec une lettre de récommandation. Provisoirement la société a chargé, d'après ma proposition, plusieurs de ses membres, instruits sur cette matiere, de publier une comparaison des nouveaux poids & mesures Français, & leur réduction relative à notre systême, pour faciliter les échanges du Commerce.—*Note de l'Auteur.*

astronome & mathématicien Français très-
estimé, m'en a parlé avec beaucoup d'inquiétude. " Puisqu'on en est venu si loin, dit-il
un jour dans une conversation particuliere,
nous devons chercher à maintenir le systême
introduit, mais s'il ne l'était pas encore, nous
ferions mal de nous opiniâtrer." Cette opinion ne me paraît pas d'un bon augure pour
la durée de cette grande réforme. Son usage,
même à Paris, va très-lentement dans le
commerce & dans les échanges journaliers, &
il se regle sur le zele politique du vendeur.
Chez l'un on mesure avec le *métre*, chez
l'autre avec l'ancienne *aune*, & comme le premier est un peu plus court que l'autre, il faut
prendre ses précautions dans l'achat & dans
les condititions du marché, car souvent le
vendeur abuse pour son profit de l'inexpé-
rience de l'acheteur, ce qui occasione des méprises & des procès. On faisait le récit d'une
avanture qui amusait puérilement toute la société aristocratique de Paris ; ce conte était
fondé sur une méprise de cette espece, em-
bellie de variantes & d'épisodes, qui faisaient

beaucoup rire cette société douteuse, que j'ai peinte ailleurs. Je vais insérer ce conte, quoique le sel satyrique de la narration perde de sa force par écrit.

Une *Citoyenne* de la section *Pelletier* marchandait une *aune* d'étoffe. Elle croyait, ne connaissant peut-être pas encore le *Mètre* nouvellement inventé, avoir la mesure d'une *aune*, mais le marchand mesurait avec son *mètre*. Revenue chez elle, elle vérifie, sur sa propre aune, & elle trouve trop peu d'étoffe. Elle retourne chez le marchand, il soutient son droit, & ne veut ni reprendre sa marchandise, ni entrer en composition. Alors elle se rend chez le *Citoyen Juge de Paix*, il e nomme *Delorme*, & plaide devant lui sa cause de la maniere suivante :

La Femme. *Monsieur.*

Delorme, interro nant. Comment ! je ne suis pas un Monsieur.

La F. Ah, pardon, Citoyen. *Dimanche* passé.

Del. Qu'appellez vous, *Dimanche ?* nous n'en avons plus.

S 4

La F. Eh bien ! le—Quintidi de la *Se-maine.*

Del. (impatient.) Vous m'ennuyez, je ne connais point de *Semaines.*

La F. Mais—Mons.....Citoyen, Je veux dire la Décade du mois—*d'Avril.*

Del. (en colere.) Encore une sottise, *Avril !*

La F. De Floréal—J'achetai deux *aunes.*

Del. (furieux.) Finissez enfin. Vous parlez de *Mètres.* Allez, allez, allez ! vous avez encore des *Dimanches*—des *Semaines*—des mois d'Avril—des *Aunes*—& des *Messieurs ! !* retirez-vous, vous êtes une Aristocrate.

La pauvre femme bien confuse de ses méprises se retira, & garda sa marchandise *métrique.*

Divers intérêts étaient liés à mon séjour à Paris. Les circonstances même de mes affaires exigeaient de la promptitude dans l'aller & le retour ; Il fallut en conséquence abandonner mon projet de revoir les départements intérieurs, surtout les magnifiques contrées méridionales de la France, que j'avais vues en 1783 ; & même les superbes environs de

Paris, excepté quelques maisons de campagne de personnes de ma connaissance, je ne vis que *Meudon, St. Germain en Laye & Versailles.*

ST. GERMAIN EN LAYE.

Le chemin de Paris à *St. Germain en Laye* est un des plus agréables de toute cette belle contrée. De la Place l'Egalité, devant le ci-devant Palais Royal, je roulai dans mon rapide cabriolet, au travers de la Place de la Concorde & des Champs Elysées, à la barriere de Chaillot. Quelques unes des maisons des barrieres, bâties le long des immenses murailles de Paris sont de beaux morceaux d'architecure ; d'autres au contraire sont plutôt les productions d'un bizarre caprice, que l'invention du bon goût. L'une ressemble à un amas de pierres, dont la masse, sortant du cahos, cherche à se développer pour former une maison : une autre ressemble à un fortin informe ; dans une troisieme vous voyez l'échantillon de la Bastille. Elles ont été bâties avec une prodigalité monstrueuse, & on ne peut tirer a présent aucun parti de ces masses élevées sans but utile.

Le chemin vous conduit sur le pavé le plus uni, au milieu d'une double allée d'arbres superbes jusqu'au Bois de Boulogne, jadis si beau. Il a perdu tous ses charmes, c'est à présent une raze campagne, avec quelques grouppes d'arbres sur un terrein hériffé de souches. La plus grande partie de ce beau bois a été abbatue, quelques uns disent à cause de la disette de bois, d'autres, parce que les arbres mouraient. Les Parisiens ne fourmillent plus dans ces bocages autrefois si délicieux, à présent dévastés ; je vis très-peu de promeneurs, de cavaliers & de voitures. De là le grand chemin traverse un pays bien cultivé. Tout ce que la richesse de la nature peut étaler se présente à vos yeux avec une abondance luxurieuse & une variété séduisante. Des collines couronnées de bois, des vallons dont les prairies sont couvertes de bêtes à cornes, de moutons, de troupeaux, des champs cultivés à perte de vue, & la Seine serpentant au mileu de ce superbe tableau.

L'agriculture est encore à présent dans l'état

le plus florissant en France, & rien ne m'a plus étonné que le coup d'œil du pays, en traversant les départements frontieres à mon entrée & à ma sortie   Que n'a-t on pas dit & écrit en Allemagne sur la pauvreté du pays, sur l'entiere destruction de l'agriculture, sur la dévaftation des campagnes & des jardins, faute de bras ! que n'a-t-on pas rêvé sur le succès final du projet d'affamer la France ! je m'attendais, non pas d'après ce projet, mais à cause de l'absence de tant d'hommes empl yés, ou dévorés par la guerre la plus sanglante, à trouver une grande partie du pays dépeuplé, surtout les départements fron ieres, qui avaient plus souffert de ce fléau ; j'ai trouvé tout le contraire ; jamais le pays n'a été mieux cultivé; pas un acre de terre n'était inculte des terres labourables une mer ondoyante d'épis à perte de vue de tout côté ; les jardins potagers parfaitement soignés ; les fossés, les enclos bien entretenus ; les habitations des cultivateurs en bon état, la plûpart même bâties à neuf, ou réparées.   S'il y a un pays dans le monde qui soit enrichi par la prodigalité de la nature, jointe au travail le plus diligent, c'est celui-là. Il n'a jamais été ni extraordinaire ni choquant en France de voir des hommes déjà âgés, mais encore vigoureux, conduire la charrue, des meres, des femmes, des enfans s'occuper des travaux champêtres ; j'ai encore vu la même classe employée aux mêmes soins, pendant que les fils, les époux & les freres servent la République dans ses armées.

La classe, la plus nombreuse & la plus utile en France, celle des laboureurs, n'a jamais été plus heureuse qu'à présent. Elle est libre, à son aise & contente. Est-ce donc se livrer à une vaine espérance que de regarder cette classe respectable de citoyens comme le soutien de la constitution actuelle, & de prévoir qu'on verra refleurir par elle la plus brillante prospérité de la France ? Jamais cette classe ne rentrera sous le joug de la féodalité : mais elle s'accoutumera avec le tems, à sacrifier le superflu de ses considérables profits pour soutenir la patrie par des impôts modérés, qui jusqu'à présent, au grand détriment des finances, sont fort mal ordonnés.

Combien de motifs n'a pas le cultivateur

Français d'être content ? Les fruits de son travail lui appartiennent en propre. Il n'est plus affaissé sous le poids des charges ; le malheureux journalier est devenu fermier, celui-ci est devenu propriétaire. Depuis l'abolition du système féodal, des nombreux droits seigneuriaux, des priviléges ecclésiastiques & nobiliaires, son industrie lui rapporte un profit net, l'argent circule dans sa caisse, il vit dans l'aisance. Mais la voix de ce bonheur paisible, de la jouissance calme de ces hommes, n'est pas écoutée, elle est étouffée par les cris de misere de cette partie de la nation, qui a le talent & la facilité, de proclamer hautement le sentiment de ses souffrances réelles & imaginaires.—Et cependant le nombre de ces Français heureux & vivant dans l'aisance monte à *seize millions d'hommes.*

Je reviens à mon voyage de *St. Germain en Laye.* Le soleil levant d'un des plus beaux jours du printems décorait ce riant paysage ; le voile léger du brouillard étendu sur la plaine commençait à se dissiper, & se retirait lentement sur les collines couronnées de bois & de

maisons de campagnes, qui bornaient l'hori-
zon dans le lointain. Cet ensemble formait
un superbe tableau parfaitement éclairé. Les
grandes routes, les chemins partageant ces
campagnes, étaient couverts de cultivateurs,
hommes, femmes & enfans dans leurs chariots,
des bandes de jeunes paysannes, avec leurs
ânes, fideles serviteurs du paysan Français,
tant dans ses travaux champêtres, que pour
les jours de marché. C'est un spectacle très-
agréable que de voir ces troupes d'ânes s'avan-
çant lentement sous la charge pesante des
fruits & des fleurs, conduits par de jeunes
filles folâtres. Ces animaux ont le dos chargé
d'un bât sur lequel s'élevent trois rangs de pots
de fleurs. De grandes corbeilles de bois ou
d'ozier entrelacés pendent sur les flancs des
deux côtés. Le plus beaux fruits, des fraises,
des melons, des pêches, les fleurs les plus délicates, que nous cultivons avec tant de précautions dans nos jardins, y sont entassées,
fraichement cueillies ; des boutons vivaces
bourgeonnent dans les pots : le hazard les a
rangés, mais la main d'un artiste ne pourrait

pas ranger ces grouppes de fleurs & ces fruits d'une maniere plus pittoresque ; c'est un jardin ambulant, un émail à mille couleurs environné de branches de myrte & de verdure. J'ai compté plus de quarante sortes de fleurs & de fruits portés par un seul petit âne, & l'air tout à l'entour en était embaumé : une jeune fille légere, & proprement vêtue, le conduisait doucement par la bride. Elle portait dans sa main un bouquet des plus belles fleurs de sa provision, & l'offrait à sentir & à vendre aux passans.

Derriere le village de *Marly*, où j'ai vu la célébre *Machine*, bien entretenue & en pleine activité, & non pas démolie ou ruinée, comme l'ont annoncé les gazettes Allemandes, l'agréable vue s'étend, & se varie, en contournant une montagne. La Seine serpente en mille détours, & coule au pied de la montagne sur laquelle est situé *St. Germain*. Quand on est arrivé au haut, on trouve, près de la ville une longue terrasse élevée avec une vue des plus belles, devant la forêt de *St. Germain*. Au delà de la Seine on voit le chemin qu'on a parcouru entre *Marly* & *Paris*, bordé de champs labourés à perte de vue, de prairies & de hauteurs couvertes de bois ; superbe mélange de la richesse de la nature & de l'industrie des hommes.

St. Germain en Laye, ville d'elle-même peu peuplée, a tous les avantages d'une position élevée, l'air le plus pur & la vue la plus variée dans ses environs. Ces avantages ont favorisé l'établissement de deux instituts particuliers, un pour les jeunes filles, l'autre pour de jeunes garçons. *Madame Campan* est la fondatrice & la directrice de l'institut des filles. Son expérience du manque total d'éducation pour les demoiselles, confirmée par les observations multipliées qu'elle avait été à portée de faire à Paris & à la cour, & le changement de son sort, jadis brillant, l'a décidée il y a deux ans à fonder cet institut sur d'excellents principes. Jamais femme n'a été plus propre qu'elle à conduire ce plan d'éducation, par sa culture dans les sciences, par son esprit & son caractere & par sa connaissance du monde & des hommes.

Trente demoiselles, depuis six jusqu'à quinze ans, sont élevées dans cet Institut. L'établissement est généralement connu & considéré en France, j'y ai trouvé des enfans des contrées les plus éloignées de Paris. Les frais de la pension sont modiques, en comparaison de l'étendue de l'instruction & des autres avantages. La nourriture est simple, & très-convenable, ainsi que la partie physique de l'éducation propre à fortifier la santé.

Mde. *Campan* est elle-même la premiere maîtresse de l'Institut, elle a pour adjoints quatre dames, & plusieurs maîtres. Son mari a vécu plusieurs années en Italie, & y a assez perfectionné son talent pour pouvoir enseigner à fond à ses éleves le dessein & la miniature.

La principale destination des femmes, être épouse, mere & maîtresse de maison, est aussi le premier but de cette éducation. Le perfectionnement de l'esprit par les sciences, l'ornement des talents, sont très-soignés. Les éleves sont formées à la morale pratique par l'exemple & les leçons de cette excellente directrice.

L'instruction sur la religion est libre & raisonnable, les parens eux-mêmes décident sur la religion dans laquelle ils veulent que leurs enfans soient élevés. A la suite viennent les leçons sur les sciences & les arts, la géographie, l'histoire, l'écriture, le calcul, les mathématiques, le dessein, la peinture, la musique, la danse, l'étude de la langue Française, de l'Anglais, de l'Italien, & tous les ouvrages de femmes.

Convaincue, dit Mde. *Campan,* dans le plan qu'elle a publié sur son établissement, que les talents agréables peuvent embellir la vie, sans nuire à la simplicité des mœurs, au goût de l'ordre, & aux connaissances utiles pour un être appellé à l'état de mere de famille, je cherche à réunir tous ces différents avantages pour l'éducation dans un degré supérieur. On dresse ces jeunes personnes à la propreté, à l'ordre & à l'exercice des fonctions de ménage. Elles conduisent elles-mêmes la comptabilité de leurs petites affaires, elles ont leur garde-robe, sous leur inspection propre, elles sont chargées de la propreté & de l'entretien des appartemens & des salles d'écoles de cette maison spacieuse, à laquelle Mde. *Campan* a employé le reste de son ancienne fortune.

J'allai dans cet Institut faire visite à une jeune personne fort aimable, de mes parentes, que ses parents de Bordeaux ont confiée à l'éducation de Mde. *Campan*, & je fus parfaitement reçu de la derniere. Je passai une journée entiere, que je n'oublierai jamais, dans un cercle de jeunes personnes enjouées & intéressantes, & dans la conversation de cette estimable dame. On ne put qu'admirer & respecter la résignation philosophique, calme & sans feinte avec laquelle elle supporte la perte de sa grande fortune, avec laquelle elle parle de son bonheur actuel, & le zele & l'amour avec lesquels elle s'est attachée à ses fonctions. C'est du propre récit de cette respectable femme que je vais citer deux traits de sa propre histoire & de celle de sa sœur infortunée.

Mde. *Campan* vivait autrefois à la cour, où elle était lectrice des Tantes du Roi, & premiere femme de la Reine, auprès de laquelle elle faisait aussi les fonctions de lectrice. Elle jouissait avec son mari, maître-d'hôtel, de forts appointements, outre son revenu particulier. La Reine lui avait confié la direction de sa cassette particuliere : les artistes, les ouvriers, auxquels il était dû, s'adressaient à elle, & recevaient sans délai leur payement. Dans la sanglante journée du 10 Août, lorsque a famille royale se refugia dans le sein de l'Assemblée Nationale, Mde. *Campan* fut obligée de se retirer avec les autres dames de la cour, au plus haut étage du château pris d'assaut, dans une chambre où elles s'enfermerent. Tourmentée par le tumulte des combattans, par le tonnerre de l'artillerie, par le fracas des boulets qui traversaient les appartements, par les cris des mourants, elle attendit la mort avec ses compagnes d'infortune. Les portes de la chambre furent enfoncées. Une bande de forcenés, armés de massues & de couteaux entra ; un d'entr'eux le poignard levé s'approcha de Mde. *Campan*, près de laquelle était tombée évanouie une jeune personne très-intéressante qu'elle avait élevée. Celle-ci reprit ses sens à l'approche de l'homme armée, se jetta au devant du poignard qui menaçait sa mere d'adoption, embrassa de toutes ses forces ce scélérat dégoûtant de sang, troublée par le désespoir, couvrit de baisers sa bouche affreuse, demanda grâce : *elle n'a jamais offensé personne*, cria-t-elle, *elle eſt si bonne, elle eſt ma mere!* Cet homme, ému un moment par la beauté de la jeune personne, & par ses ardentes supplications, balance à porter le coup mortel, bientôt, il cherche à se débarrasser d'elle, dans son angoisse mortelle elle l'embrasse encore plus étroitement. C'étaient les derniers efforts, elle tombe évanouie. Ce même instant devient celui du salut de toutes deux & des autres dames. Un officier, attiré par leurs cris, s'élance en criant, *ne tuez pas les femmes!* Les poignards tombent. Le même homme, qui le moment avant voulait enfoncer le sien dans le sein de Mde. *Campan*, lui offre le bras, ainsi qu'à sa jeune libératrice, pour les faire passer sur les cadavres des vaincus, & sortir du château au travers d'un fleuve de sang. Lorsqu'ils furent sur la place du Carrouzel, il lui demanda, avec le sang-froid naïf d'un vrai *sansculotte* ; *où dois-je te mener ? en prison, ou chez tes parents? Plutôt chez mes parents,* répondit-elle avec tranquillité. Sur cette place la fumée & les flammes s'élevaient des débris d'une maison saccagée. *Laissez-moi ici me reposer un moment,* dit-elle à son conducteur, *ces débris fumants, sont ceux de ma demeure!* Cette maison était au coin de la place du Carrouzel, le peuple l'avait abattue, pour pouvoir mieux de ce côté-là tirer sur le château. Mde. *Campan* fut menée de là chez ses parens : beaucoup de ses compagnes d'infortune furent au contraire traînées en prison.

Le sœur de Mde. *Campan* était mariée à un commissaire des guerres, & vivait à la cour, comme une des femmes de chambre de la reine. Elle accompagna le 10 Août la famille royale dans l'Assemblée Nationale.

Quand le roi quitta la salle, & fut mené au Temple, la reine, en se séparant de Mde. *Auguié*, c'était son nom, lui demanda sa bourse, parce qu'elle n'avait point d'argent sur elle. On fouilla les poches de la reine à son arrivée au Temple ; & elle pria les officiers municipaux de faire rendre la bourse avec l'argent qu'elle n'avait pas employé à Mde. *Auguié*, à qui elle appartenait : ce fut assez pour l'envelopper dans le sort de la reine. On la laissa cependant encore assez long-tems habiter tranquillement sa maison de campagne dans les environs de Paris. Mais comme, sous la dictature de *Robespierre*, l'épouvantable tribunal révolutionnaire faisait la recherche de toutes les personnes ci-devant attachées à la cour, les faisait arrêter & guillotiner, Mde. *Auguié* déclara souvent à sa sœur, qu'elle n'attendrait pas l'exécution de l'ordre d'arrestation, qu'elle était déterminée à mourir, plutôt que de tomber dans les mains du bourreau, & de monter sur l'échaffaud.—Mde. *Campan* chercha, par les principes de la morale & de la philosophie, à faire abandonner à sa sœur cette résolution désespérée, & dans sa derniere visite, semblant prévoir le sort de cette infortunée, elle ajouta———*Attends avec résignation l'avenir, change de dessein, un heureux hazard peut détourner le sort que tu crains, dans le moment même où tu croiras le danger plus grand.*— C'était son ange tutélaire qui lui parlait ; hélas ! si l'infortunée avait voulu suivre son avis ! peu de tems après, dans les premiers jours de Thermidor 1794, les satellites du Comité de Salut Public parurent devant la maison de campagne de Mde. *Auguié* pour la mener en prison. Ferme dans sa funeste résolution, voulant prévenir ses assassins, elle monta au plus haut étage de sa maison, se précipita d'un balcon, & on la ramassa morte. —Comme on portait son corps en terre, le convoi fut obligé de se détourner, pour laisser passer—Oh destinée ! la charrette qui conduisait *Robespierre* à l'échaffaud.

On se promettait beaucoup de l'Institut, établi à St. Germain, pour les jeunes garçons par l'Irlandais *Macdermott*. L'histoire, la géographie, les langues Grecque & Latine & plusieurs langues vivantes, les mathématiques, l'écriture, le desscin, la musique l'escrime, étaient les objets de l'instruction.

La belle & saine position de cette ville, la solitude champêtre, les beaux environs, les promenades charmantes favorisent beaucoup ces établissemens d'éducation ; d'ailleurs la jouissance de ce calme champêtre, n'est que peu éloignée de Paris pour laisser aux instituteurs l'avantage d'introduire leurs éleves dans le grand monde & de leur faire connaître la situation du gouvernement & son caractere.

VERSAILLES.

Stat—umbra.

Nulle part la vicissitude des choses hu‑
maines, le néant des grandeurs de ce monde
n'est plus apparent, & ne fait une impression
plus accablante & plus profonde sur l'observa‑
teur que dans *Versailles désolé.* Ce que dans
le cours ordinaire du tems, bien des années
n'auraient pu opérer, ce que les siecles ont
épargné, peu d'années & des dévastateurs l'ont
détruit en peu de tems.

Versailles a perdu trente mille habitans. Il
est pauvre & désert. Le château est inhabité.
La plus grande partie de ce parc, où l'art
avait prêté une main si favorable à la nature,
est négligé. Les châteaux & maisons de Tria‑
non sont vuides, ruinés, ou détruits. Quan‑
tité de statues antiques, bustes, bas-reliefs,
vases, sont au moins mutilés, ou entierement
brisés. Une solitude morne, pareille à celle

des tombeaux qui renferment ceux qui jadis étaient assis ici sur le trône environne l'homme errant dans ces lieux n'agueres si animés.

Déjà le tems commence à étendre le voile consolant de l'oubli sur l'époque de ces épouvantables ruines : le gouvernement lui-même porte les plus grands soins à réparer le dommage causé par l'anarchie, à remplacer les pertes, à adoucir çà & là par de nouvelles institutions le douloureux spectacle de cette destruction totale. Oh, pourquoi arrive-t-il, que le même jour que j'écris ceci (le 21 Janvier 1797) une fête bruyante releve d'une autre côte ce voile nécessaire ? Les législateurs ont déclaré à la nation qu'il est bien loin de leurs pensées de vouloir, par une pareille fête, célébrer le souvenir d'une exécution publique, insulter les restes inanimés d'un mort & troubler son repos jusques dans sa tombe : soumission fidele à la constitution présente ; haine contre l'anarchie & contre le pouvoir arbitraire, réunion générale pour le rétablissement de la tranquillité & de l'ordre, voilà sans doute ce qu'on veut jurer, voilà l'objet de

cette solemnité. Mais le spectateur sans pré-
jugés demandera, si le jour de la fondation
de la république ne serait pas plus convenable à la célébration de cette fête jugée
utile, que l'anniversaire de la mort de Louis
XVI ? Pourquoi veut-on surtout rappeller la
mémoire de ce procès & des circonstances
qui l'ont accompagné ? Est-il sage de célébrer ce jour dans un tems où toutes les passions sont encore tendues, où les espérances
contre-révolutionnaires existent encore, où les
troubles intérieurs peuvent se renouveller ?
Est-il sage de réveiller les passions, en faisant
insulter des ennemis abattus par le courage
du gouvernement ? Est-il sage de préparer
aux audacieuses entreprises liberticides des fau-
teurs des désordres, un point de réunion par
lequel la France peut être exposée à une
nouvelle guerre civile, à des calamités sans
nombre & à une éternelle effusion de sang ?
Croit-on par là diminuer cette indifférence,
trop visible, à l'égard du gouvernement,
d'une grande partie du peuple qui veut la paix
intérieure & extérieure, & la changer en at-

tachement ? L'unique moyen efficace ne se-rait-il pas au contraire, de produire l'oubli de certaines époques du tems passé, en prouvant par des actes les avantages du tems présent, & en ouvrant la perspective de l'espoir d'un a-venir heureux.—Non, aucun observateur im-partial, s'il fait des vœux pour le bonheur de la France & pour la durée de sa constitution actuelle, ne peut approuver dans de pareilles circonstances la célébration de la fête du 21 Janvier !

Je reviens aux ruines de *Versailles*, dans la partie de *Trianon*.

Le *petit Trianon*, ce bâtiment traité avec un goût aussi délicat qu'un génie inventif, avec ses jardins, où l'art avait ennobli la nature, où tout ce que le talent créateur peut offrir de plus accompli était réuni—n'existe plus.

A la porte d'entrée, un billet avec ces mots : *propriété à vendre*, annonçait, non pas la vente, mais la dissipation de cette propriété na-tionale ; il était déjà aliéné par une soumis-sion pour un prix modique. Les portes du voluptueux pavillon habité par la reine étaient desséchées & fendues ; l'herbe croissait sur les escaliers ; le lierre rampait le long des murailles ; les salles & les chambres étaient dévastées, on en avait enlevé jusqu'aux serrures des portes & des fenêtres, superbe travail en bronze ; les glaces cassées, les consoles brisées ; les dessus de porte peints arrachés ; une vapeur de cave s'exhalait des appartements renfermés ; des murailles nues & humides sortait le salpêtre. Dans les trois cabinets de la reine, jadis arrangés & ornés avec tant de goût, vis-à-vis du Temple de l'amour à moitié caché d'une maniere si pittoresque dans un bosquet, on avait laissé subsister les boiseries travaillées avec le plus grand art & les fenêtres en glaces, dont la transparence est si trompeuse, qu'on ne pouvait pas remarquer de différence entre les fenêtres ouvertes, ou fermées. Il ne restait de meubles dans la maison que des débris de différentes especes de jeux, des chars brisés, des fragments de figures fantastiques d'animaux, ayant servi à des traineaux. Ils étaient entassés les uns sur les autres dans la salle à manger. Dans une autre chambre était une grouppe de figures de grandeur naturelle, modelées en cire, représentant les ambassadeurs envoyés au roi de France, en 1787, par Tipoo-Saïb, que ce tyran oriental avait fait étrangler à leur retour pour les récompenser de leurs services. La reine avait fait arranger ces figures de grandeur naturelle, habillées suivant le costume de leur pays. Ensuite l'inspecteur du château les avait achetées à l'enchere, pour les montrer aux étrangers & en tirer un petit bénéfice. Tels sont les débris de cet ancien temple des jouissances rafinées & des plaisirs fugitifs.

Une petite salle de spectacle dans le parc de Trianon, décorée avec autant de luxe que de goût, montre encore dans ses riches dorures & dans ses belles moulures les traces de son ancien éclat, mais tout ce qui a pu exciter la cupidité des voleurs n'existe plus. On a enlevé jusqu'au velours bleu dont les sieges & les appuis des loges & de l'orchestre étaient couverts, quoique certainement la valeur des morceaux qu'on en a tiré ne vaille pas la paye d'une journée de travail qu'on a dû employer à cette destruction. Sur deux grouppes des trois grâces, qui sur l'avant scene portaient de magnifiques candelabres, étaient inscrits ces mots : *En réquisition pour le Musée :* au moins cela les a sauvés.

Au travers d'un labyrinthe, on monte en serpentant par un sentier à une petite colline ; toutes les plantations sont abandonnées & étouffées par les plantes sauvages, qui embarrassent le passage. La nature s'y est abrutie, mais le vue de quelques parties séparées est encore belle & pittoresque, & avec très-peu de travail on rétablirait tout comme il était.

Sur la colline s'éleve un temple de Flore au travers d'un buisson de roses, de jasmin & de mirthes, c'est un charmant pavillon : devant lui, au pied de la colline s'étendait derriere un petit lac, devenu un marais, une prairie; où sont jettés des petits bosquets sans régularité, au travers desquels s'ouvre une vue riante sur la campagne. Des grouppes élevés de peupliers & de platanes cachent à moitié sur la droite la perspeƈtive du château du petit Trianon. Au travers de ce bois sombre, éclate par les clairvoyes un rocher calcaire artificiel, duquel sortait avec fracas une chûte d'eau, qui allait tomber dans le lac. C'est dans ce pavillon que la reine déjeûnait ordinairement au son d'une musique champêtre placée dans le bosquet de fleurs. La décoration de la petite salle est un chef-d'œuvre de la peinture à fresque, je n'ai jamais rien vu de plus beau dans le genre de peinture, ni des ornements choisis d'un meilleur goût. Ce sont des grouppes de fleurs, des guirlandes de fruits, des trophées relatifs aux arts de la paix, des arabesques légeres, des fantaisies poëtiques, réunissant le contraste séduisant, avec la composition & l'imagination les plus heureuses, tous les morceaux achevés jusques dans le plus petit détail. Ils présentent avec précision le caraƈtere de la simple nature, & de la paix champêtre convenable à ce sallon. Les couleurs étaient encore aussi fraîches que lorsqu'elles avaient été placées, & l'inspeƈteur employait avec soin tous les moyens pour préserver ces peintures de l'effet de l'humidité de l'air.

Quand on sort de ce pavillon, & qu'on y a rêvé à tout ce que ces lieux enchanteurs avaient ci-devant de beau, on retrouve aussi-tôt les traces de l'anarchie dévastatrice. Sur l'escalier circulaire de ce petit temple sont couchés par terre huit sphinx. Les imbécilles destructeurs les prirent pour des figures de syrenes séductrices, ils crurent reconnaître en elles des symboles de la Cour de la Reine, & ils leur arracherent le nez & les oreilles.

Au travers d'un bosquet & de beaucoup d'arbustes à fleurs, un sentier vous conduit en tournoyant à une descente douce, où la vue domine dans la plaine, sur un lac irrégu-lier, avec des ruines sur ses bords, & dans le fonds un petit hameau, à moitié caché dans le bois. Il consiste en huit maisons, bâties pour figurer les occupations de la vie cham-pêtre, un moulin, une grange, une école, une laiterie & d'autres maisons de paysans. Chacune était autrefois délicieusement meu-blée, & ce hameau était le réduit secret des pláisirs particuliers de la famille royale ; on s'y livrait à des amusements innocents & enfantins. Le Roi se déguisait en meûnier, la Reine en paysanne, *Monsieur*, à présent Louis XVIII. en maître d'école, & la famille habitait ce hameau plusieurs jours dans ce costume. A présent c'est devenu un désert. La plûpart des fenêtres sont brisées, les escaliers sont à moitié rompus & tapissés de vigne sauvage & de lierre. Cela ne ressemble plus aux riantes demeures des amis heureux de la vie champêtre, mais bien plutôt au repaire ténébreux d'une bande de voleurs. Pendant qu'avec trop peu de précaution, à la chûte du jour, je parcourais pour la seconde fois, sans guide, cette partie très-peu sûre du parc, je vis des hommes, de mine très-suspecte, abattant furtivement des arbres, & d'autres se glissant de même derriere ces maisons abandonnées. Je les découvris heureusement assez tôt pour pouvoir me retirer sans être apperçu, & mon guide que je rejoignis, pour punir ce qu'il appellait ma témérité, me fit des récits épouvantables de ces bandes de voleurs & d'assassins qui désolent ce canton.

La position du Temple de l'Amour présente encore un des plus charmants tableaux de ce parc ; il est séparé du château du petit Trianon, par une prairie entrecoupée de grouppes d'arbres & de buissons, & il s'éleve à demi au dessus du bosquet. Une architecture élégante de douze colonnes Corinthiennes cannelées supportait une coupole richement décorée, sous laquelle était placé le charmant amour de Bouchardon, qu'on a transporté dans le Musée de Versailles.

Différents petits bâtiments dans le parc sont entierement abattus, ou menacés d'une ruine prochaine, n'ayant plus ni portes, ni toits, ni fenêtres & même une partie de leurs murs ayant été abattue. Le tableau effrayant de la destruction & de la mort a remplacé dans ces beaux lieux celui du génie créateur & de l'art bien ordonné.

Le palais du grand Trianon existe encore comme dans un désert sauvage ; dépouillé, même de ses moindres peintures, il tombe aussi en ruines. Les colonnades de marbre paraissent seules vouloir braver la destruction totale.

Les parties du Jardin, qui forment immédiatement l'enceinte du château de Versailles, sont bien entretenues & sont soigneusement conservées dans leur entier & sans aucun changement. Les ouvrages, hydrauliques, non pas tous, mais la plus grande partie, sont en bon état. Les statues, les grouppes, les vases sont restés en place, & on a réparé les mutilations qu'ils ont éprouvées. On a éloigné la vue choquante de statues à moitié brisées. Excepté quelques bustes d'empereurs Romains, auxquels on a cassé le nez & quelques vases endommagés dans leurs bas reliefs, j'ai vu peu de victimes de la barbarie ; on a enveloppé d'attributs étrangers les statues royales qui ont été épargnées. Celle de Louis XIV. qui est dans la grande salle de l'Orangerie, au lieu de la grande perruque qu'on a enlevée à coups de ciseau, porte un bonnet de la liberté, au lieu du bâton de commandement une pique, & pour que le public ne se trompe pas sur cette mascarade en Dieu de la guerre, on a inscrit sur son piédestal : *Mars Français, protecteur de la liberté du monde.* On a exécuté la même métamorphose sur le bas-relief colossal de *Coustou* représentant Louis XIV. à cheval dans la grande gallerie du château. Le génie de la gloire, qui descend des nuages, au lieu de l'ancienne couronne de lauriers, tient un bonnet de la liberté au dessus de la tête chauve du Roi.

La belle collection de plus de douze cents superbes orangers, dont quelques uns datent du tems de François premier, est parfaitement conservée & entretenue avec le plus grand soin.

Quiconque n'avait jamais vu le grand château de Versailles dans l'éclat éblouissant de la cour, ou quiconque peut avoir oublié la pompe de ce *Néant*, peut trouver que l'intérieur de ce bâtiment, ainsi que la gallerie & les appartements de la Famille Royale, ont acquis plus de beautés & d'éclat qu'ils n'en avaient. *Le Musée des arts* du département de Versailles est étalé dans ces appartements.

L'arrangement de ce musée peut servir de modele, & est bien supérieur à celui du musée de Paris dans la gallerie du Louvre. Les morceaux qui y sont étalés sont choisis avec plus de gôut, mieux ordonnés, ne sont pas aussi entassés, & sont mieux éclairés. La beauté du local favorise la vue générale de l'ensemble & l'examen particulier de chaque piece. On n'y trouve que des chefs-d'œuvre de peintures & de sculpture, sans mélanges de petites bagatelles ; des fuperbes tableaux des écoles Italienne, Flamande, & Française, des statues antiques & modernes, bustes, bas-reliefs, bronzes, vases, porcelaines, meubles riches & pleins de goût. On a rassemblé dans ce Musée tous les ouvrages des arts, de très-grand prix, qui étaient répandus dans Versailles & dans les châteaux voisins. Beau-coup de chefs-d'œuvre, avec lesquels la pro-digue *du Barry* avait insolemment orné son château de Lucienne, décorent à présent l'appartement de la Reine ; on les distingue de tous les autres par leur éblouissante richesse, leur caractere voluptueux & la beauté & la perfection du travail.

J'avais vu pour la premiere fois les appartements de Versailles, le premier Janvier 1784, à la procession des *cordons-bleus*, dans le plus grand éclat de cette cour, le *grand lever* du roi, la pompe de la cour, la procession des chevaliers, la réception des candidats dans la chapelle, le *grand couvert* du dîner public de la reine ; une pompe orientale, un tumulte violent, une foule de plusieurs milliers de courtisans, de gardes, de spectateurs, de valets. C'est ainsi qu'alors je vis ces appartements. Je viens de les revoir à présent, & dans leur immense étendue ils étaient déserts ! J'allai le matin en compagnie visiter le musée ; le soir, après une promenade solitaire dans le Parc de Trianon, je voulus rentrer encore une fois seul dans le château, pour me pénétrer de la différence du passé au présent. Un gardien du musée m'ouvrit avec beaucoup de complaisance les portes des appartements. Le cliquetis des verrouils retentit au loin dans ces salles vuides. J'entrai, mon conducteur resta dans l'antichambre : le silence des tombeaux régnait : mes pas retentissaient contre les murailles solitaires. Je pouvais alors, sans empêchement, observer ces magnifiques chefs-d'œuvre, mais mon imagination, malgré moi, me présenta d'autres objets, d'autres souvenirs : elle me traça les tableaux du passé, les orages de la révolution, les scenes à jamais mémorables, les affreuses catastrophes qui avaient ensanglanté ces lieux.—La soirée était obscure —des nuages roulants au dessus du parc menaçaient d'une tempête—cette solitude, ce silence me pesaient—neuf heures sonnerent, dans l'instant une musique en sourdine de flûtes & de harpes m'étonna : elle partait d'un horloge admirable que j'avais vu, douze ans auparavant dans la chambre de la Reine— c'était le tendre *andante* d'une sonate, précédant un *adagio* mélancholique, il se terminait insensiblement par des tons qu'on entendait à peine—alors se tûrent les flûtes, les harpes & le silence de la mort régna de nouveau.

L'apparition du gardien, qui entra en ce moment dans la gallerie, fut un soulagement pour mon ame dans ce moment, dont je frisonne encore; je quittai avec lui les appartements & le château..........

Le lendemain matin je retournai à Paris, d'où je partis pour Hambourg le 16 Messidor (4 Juillet.)

F I N.

Table des Matières.

⸺⸺◉✳◉⸺⸺

Page

www.ingramcontent.com/pod-product-compliance
Lightning Source LLC
LaVergne TN
LVHW011459180726
843503LV00001BA/191